史料纂集

兼見卿記　第七

八木書店

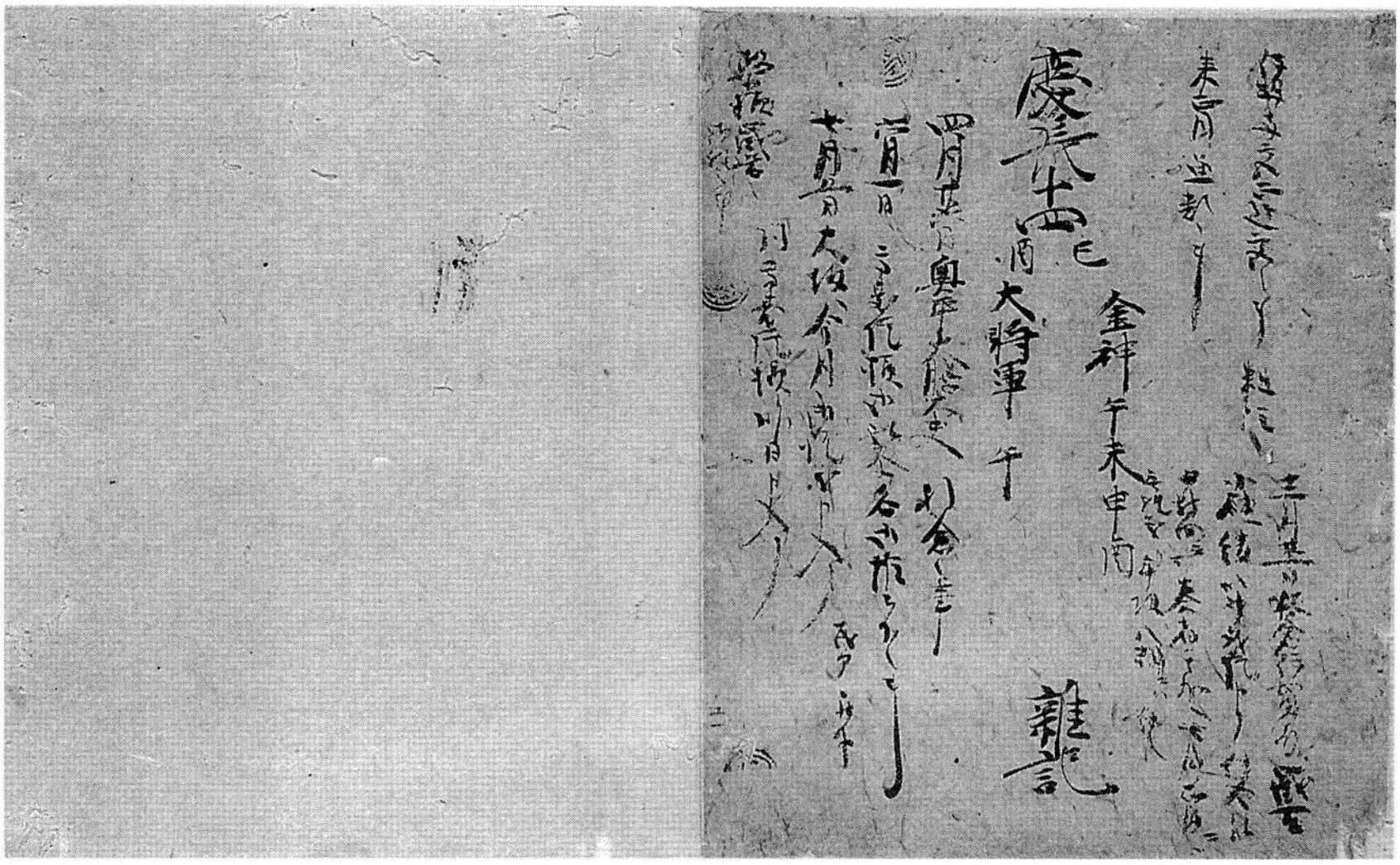

兼見卿記　慶長十四年原表紙　　天理大學附屬天理圖書館所藏

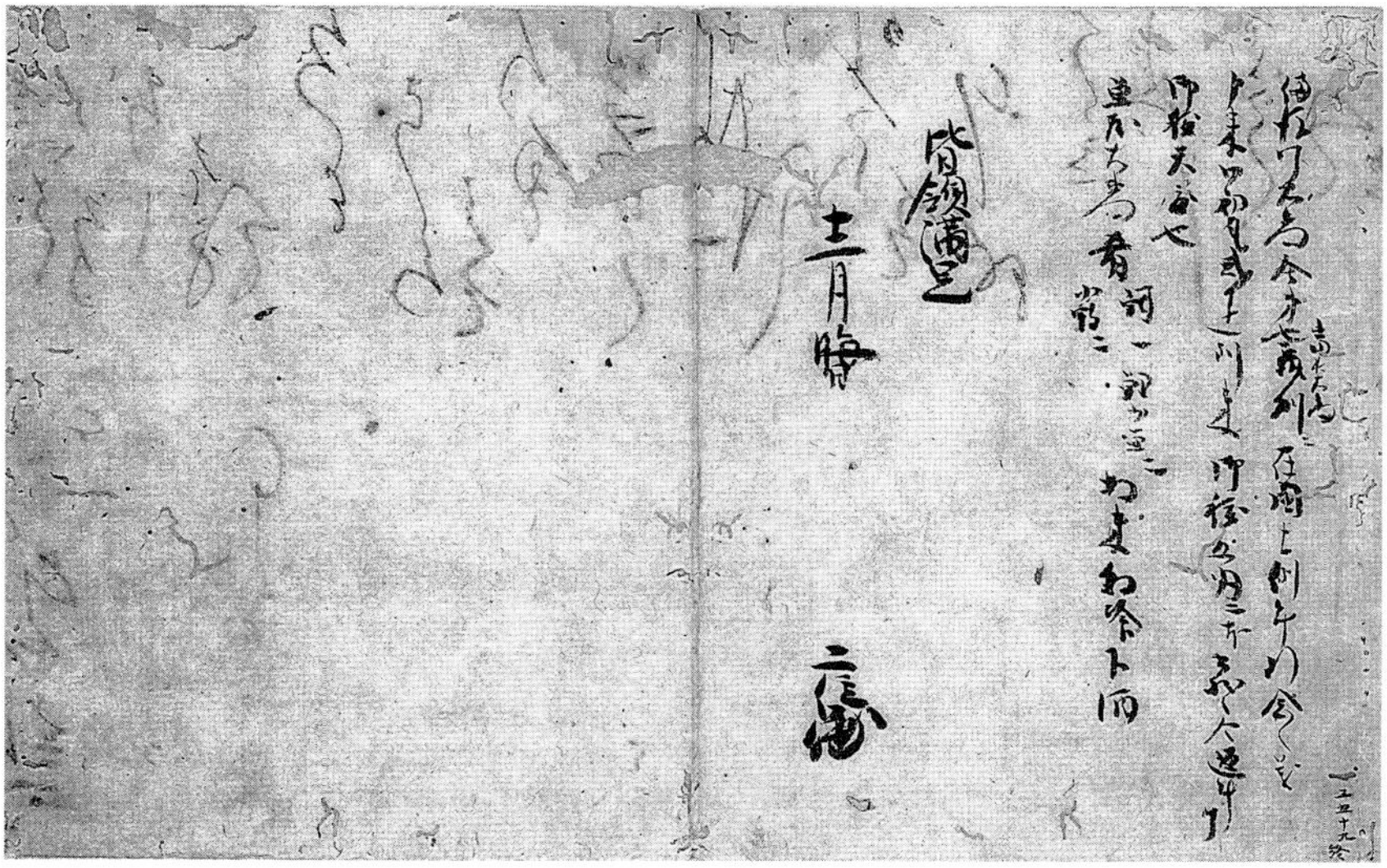

兼見卿記　慶長十四年十二月晦日條（本文 65 頁）　天理大學附屬天理圖書館所藏

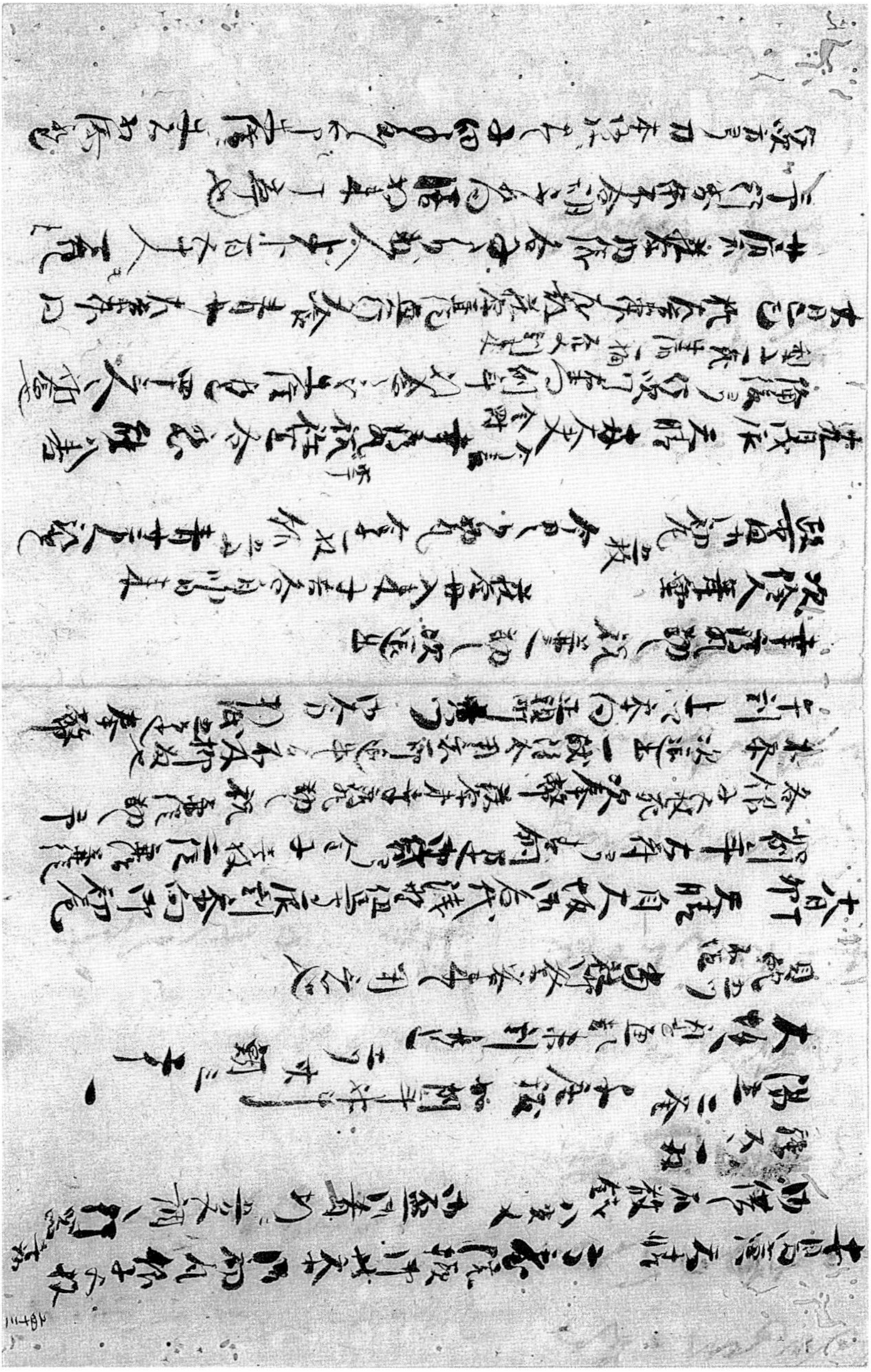

兼見卿記　慶長十四年八月十七日〜二十日條（本文47〜48頁）

天理大學附屬天理圖書館所藏

凡　例

一、史料纂集は、史學・文學をはじめ日本文化研究上必須のものでありながら、今日まで未刊に屬するところの古記録・古文書の類を中核とし、更に既刊の重要史料中、現段階において全面的改訂が學術的見地より要請されるものをこれに加へ、集成公刊するものである。

一、本書は、神祇大副吉田兼見（初名兼和、天文四(一五三五)年生、慶長十五(一六一〇)年薨）の日記である。その原本は吉田家及び萩原家に傳へられてゐたやうだが、吉田家傳來のうちの一部は昭和二十年の戰災により焼失したらしい。

一、本日記は、元龜元年より慶長十五年まで、多少の缺失はあるが前後四十年間に亘り、他に別記一册がある。刊本は全八册を豫定し、本册には、第六册に續けて、慶長十四年・同十五年の日次記および天正五年・同八年の別記を收めた。底本には天理大學附屬天理圖書館所藏の自筆本（請求記號二一〇・五―イ七七）、豐國神社所藏の自筆本「豐國社社務職雜記」（所藏番號第二号）、國學院大學所藏「天正五年・八年下向記」（請求番號吉田家文書一二二五）を用ゐた。また本文の後に紙背文書等を附録として收めた。

一、丁替りは、各丁表裏の終りに當たる箇所に」を附して示し、且つ次の表裏の始めに當たる部分の行頭に、丁附け及び表裏を（1オ）（2ウ）の如く標示した。

一、原本の體裁は、努めてこれを存した。本文中に一行分以上の空白がある箇所については、ただ（〇何行分空白）と注記した。また各月の冒頭は改頁とした。

一、本書の翻刻に當つては、底本の用字を尊重したが、便宜形を改めた部分もある。その校訂上の體例は、第一册及び第五册の凡例に掲げた通りである。

一、抹消文字に對しては、抹消の態様を問はず、その左傍に〻を附した。判讀不能の塗抹・摺消文字に對しては、▨をその字數を計つて插入した。

一、文字の上に更に別字を重ね書きした箇所にあつては、上に書かれた文字を本文として採り、その左傍に、下の字に相當する數の・を附し、且つ判讀し得る限り、×を冠してこれらの文字を傍注した。

一、その他の事項は、概ね前册までの例言に從ふ。

一、底本の法量は以下の通りである。

第十二册　縦二七・七糎、横二三・八糎、

豐國社社務職雜記　縦二八・六糎、横二一・六糎、

天正五年・八年下向記　縦二七・〇糎、横二〇・四糎、

一、本書の公刊に當つて、天理大學附屬天理圖書館（翻刻番號第一一七六號）、豐國神社、國學院大學は種々格別の便宜を與へられた。特記して深甚の謝意を表する。

一、本書の校訂には、橋本政宣・金子　拓・岸本眞實・遠藤珠紀が專らその事に當つた。

一、本書は科學研究費補助金・若手研究（B）「中世後期古記錄の史料學的研究」（研究代表者　遠藤珠紀）による成果の一部である。

令和元年七月

橋本政宣
金子　拓
岸本眞實
遠藤珠紀

目次

兼見卿記　第七

慶長十四年

兼見本年七十五歳、從二位、神祇大副、左衛門督、男兼治四十五歳、從四位下、神祇少副、左兵衛佐、孫兼從二十四歳、從五位下、

（後補表紙）
「伊勢兩宮正迁宮事
（題簽）
「慶長十四年自正月至十二月」」

（原表紙）

伊勢兩宮正迁宮之事粗注之、

十二月廿一日板倉伊賀殿歳暮、小袖一、綾、以神龍院申了、仕合能、御對面云々、奏者其外ヘ七月・正月ニハ無祝義、年頭・八朔ニハ在之、

來正月魚類之事

慶長十四己酉

金神午未申酉
大將軍　午

雜記

四月廿六日奥平大膳大夫祈念之事

六月一日　高臺院樣御社參、各御帷被下之事

七月五日　大坂ヘ今月之御祝義申入了、民部罷下、

同高臺院樣昨日申入了、

政所樣歳暮之御礼之事

（原寸、縦二七・七糎、横二三・八糎）

（1オ）

正月小

日神を拜す
諸神祈念
豐國社神事

一日、甲申、天晴、早旦行水、入塩、次着冠・齋服、日神拜念、次諸神祈念、次參豐國社、（萩原）兼從同前、自今朝着冠・齋服、祝・祢宜各召具了、神前之佐法（作）如例年、次家中祝儀如例、

節分

節分、當社有參詣、

入夜打太豆、豐後守（滿義）役之、

神事

二日、乙酉、社參、神事、昨日同、

豐國社神官衆來禮す

於上之屋敷、祝・祢宜其外不殘礼ニ來、予・（兼從）萩原對面、各々下盃、樽代上・中・下如例祝、」

（1ウ）備後之御祓卅八、表書、仰（吉田兼之）權少副書之、中ハ天度十五、榊付四手、廿八、書狀返事相調之、五明、十本、土佐ニ申付調之、使僧貳十疋遣之、明日三日ニ罷下分也、

（約七行空白）」

神事

（2オ）三日、丙戌、神事、如昨日、

大坂の秀頼等に年頭を賀す
秀頼
秀吉側室淺井氏
千姫
秀頼名代片桐且元豐國社社參

大坂へ差下民部少輔(鈴鹿定繼)、
内府(秀頼)へ　二面繊筋、カタスソ、ルイ色、クチハ、腰、小カウシ、黄色、
御袋
御うへさま(淺井長政女、茶々)　二面紅梅、ネリ、クロ紅梅、
姫君さま(秀頼室、德川秀忠女、千)　二面繊筋、ネリ、
大くら卿殿(大野定長室)　一面綾、
二位殿(渡邊重女)　紅帯二筋、
三位殿　紅帯二筋、
姫君様御局　紅帯二筋、
御小ちや　百疋
(2ウ)大くら卿殿へ文にて申訖、」
御祓・當社神供進上之、如毎年相渡民部(鈴鹿定繼)、
(約八行空白)」
(3オ)四日、丁亥、　天晴、
爲内府御名代、片桐市正(且元)社參、辰刻、於文珠院被着衣冠、神前へ參候、予・萩原罷出、申

礼了、着帖、少休息、次神前ニ候、圓座、儀式如例年、兼従奉幣、祝戸権少副勤之、次
着▨座、獻一盞、
内府ヨリ　青銅万疋　神官各ヘ万疋、
御袋（浅井長政女、茶々）ヨリ　黄金壹枚、
予ニ　御小袖一重、
左兵衛佐（兼治）　御小袖一重、今日ハ不罷出、
萩原　御小袖一重、
巫女八人　杉原十帖・銀壹枚、各被下之、
右於神前致頂戴了、　次市正（片桐且元）退出、罷出、申礼了、
予・兼従・神官各下山、

（3ウ）

秀吉側室京極氏に年頭を賀す

松丸様（京極高吉女、龍子）、御祓・神供・杉原十帖・綾、一面、御いま御方ヘ紅帯、二筋、文ニテ申入了、新七持
之参也、

興意法親王に年頭を賀す

照高院殿（興意法親王）御宮様三種コンニヤク・昆布三束・串柹、三荷、荷桶、以権少副申入了、罷帰云、御對面、忝
仕合之由申也、

兼見室上屋敷に赴く

吉田の衆來禮す

新上東門院に年頭を賀す

近衞龍山に年頭を賀す

秀頼竝に高臺院より豐國社神前の鏡餅を下さる

神官四五來、打碁、卒度祝義申付也、
靑女(兼見室、佐竹氏)上屋敷ヘ罷出也、紹心、筆二ツイ、安、双瓶、二色、鱒二・昆布、
後刻、松丸殿ヨリ御返事、御いまより文也、
銀子、貳枚、御いまより杉原十帖、・木地半文箱、三ツ、」
使新七ニ百疋、神供持ニ百疋被下之、爾休五明、二本、
吉田之神人・殿原共不殘礼ニ來、五明各〻上之、

（4オ）

(約二行空白)

五日、戊子、天晴、女院樣(新上東門院、勸修寺晴右女、晴子)御樽進上之、三荷三種、鯛廿・スルメ廿〔卅〕連・柳・昆布五束、以祢宜掃部助申入
了、
龍山(近衞前久)三荷三種、鯛十・スルメ廿連・昆布三束、荷桶、以祢宜駿河守申入了、
社頭神前之鏡餠、大坂(秀賴)・高臺院さま(秀吉室、杉原氏、寧子)、御兩所奉備之、今朝下神前也、大坂之分予頂戴之、政所さま(秀吉室、高臺院、杉原氏、寧子)」
左兵衞佐一、・萩原、一、上之餝ヲモ取分テ遣之、

（4ウ）

神供所神人之內、新介子爲礼罷出、卒度對面、二色壹荷上之、
女院樣御樽進上之、使者掃部允罷歸、少納言女中也、披露之由申也、龍山ヘ駿河守、罷

且元と豊國社の儀に就き談ず

佐竹齋より鮭を贈らる

宮川尼より酒肴を贈らる

興意より酒肴を贈らる

興意より贈らる樽を常胤法親王に獻ず

歸、御出京之由申也、

片桐市正於大佛邊暫相談了、當社後代之義也、予申之通、一段承伏也、一折持參、大マン中七十、入之、

祢宜藏人助へ青女罷歸、振舞也、予方〻所用也、不罷向、振舞具持來、丁寧也、

佐竹齋鮭《イツキ》一、・折紙到來、(令)返事也、

建仁寺(武田信高室、長岡幽齋姉)宮川殿ヨリ三重肴、精進、・双瓶、給文、返事申也、

神足(山城乙訓郡)助兵衛、知行之代官也、三十疋持來、令對面了、

同庄屋貳十疋、

(5オ)

照高院殿ヨリ御棰三荷三種、豆腐一折・牛房十把・昆布三束、荷桶、御使淸右衛門尉、今度令法躰、宗友、

忠右衛門尉大佛町ヨリ百疋、忠右衛門尉五十疋、・子甚三郎、貳十疋、

照高院殿ヨリ被下御樽三荷三種、(豆腐卅丁・牛房十巴(把)・昆布三束、御樽、荷桶、)妙法院殿(常胤法親王)進上之、(此御樽、)遣豊後守(鈴鹿勝正)也、

青女湯入之時、於路次令馳走人罷上、爲礼來、夕飡、百疋遣之、

(約二行空白)

(〇半丁白紙)

(5ウ)

（〇半丁白紙）（6オ）

吉田に歸る
阿野實顯泣に常胤より酒肴を贈らる

（6ウ）六日、己丑、　青女至吉田歸宅、後刻予吉田へ罷歸、明日人日、於吉田例年祝義也、　自阿野少將(實顯)一樽、鱈十・昆布二束、柳、壹荷、使三右衞門尉來、使者五明三本、　自豐國申來、妙法院殿御樽三荷、荷桶、

七日庚寅　三種、　三種、マン中百五十・昆布三束・豆腐卅丁、

（約一行空白）

味噌水の祝

七日、庚刁、　今朝祝儀如例年、自左兵衞佐方持來、

神事

當社神事、幸靏丸(ノチノ兼英)參勤、豐國之祝(內脫)宮少輔(治重)參勤、祝戸役之、

妙法院殿被下之御樽、文珠院へ以豐後守遣之、

左兵(兼治)ヨリ菓子折、青女方へ同前給之、　內義(兼治室、長岡幽齋女、伊彌)京都之宿ヨリ到來云〻、

（7オ）

佐竹左近(信世)允扇、一、

孫女滿子息を連れ來る

阿野侍從(忠治、ノチノ清水谷實任)・舍弟松、・母ミつ、入來、夕飡、各皈京、

因幡堂蓼倉兩藥師代官詣

八日、辛卯、　因幡堂藥師、但馬爲代官立塩詣了、　蓼倉宗齋詣了、　御初尾兩藥師十疋充、

壽等帯三本、持來、　慶恩(音)五明三本、持來、

（約二行空白）

梵舜を遣し板倉勝重に年頭を賀す

九日、壬辰、天晴、「(〇行間補書)入夜自龍山御使・御書、山本、及暮之間、御使令對面、忝之旨申也、」
板倉伊州(勝重)へ年頭之礼、今朝神龍院(梵舜)被罷出也、伊州(板倉勝重)へ百疋・五十疋・三十疋、七人充七
ツ、　」

(7ウ)

各相濟之由、神龍院申來、院主(梵舜)ハ直豊國へ罷越之由申來也、

父兼右正忌

十日、癸巳、唯神院(吉田兼右)殿正忌、於神龍院當寺庵半齋、
向神龍院、燒香、青女罷向也、

兼治第に赴く

兼治より好物の海鼠腸を進める

左兵衞佐罷向、年頭也、百疋、青女、五十疋、最前予方へ礼來、五十疋、青女三十疋也、於
左兵方、コノワタ桶一、丹後ヨリ上來也、予好物也給之桶一、給之、予好物也、

豊國社に赴く

十一日、甲午、罷越豊國、萩原・同女房衆(兼従室)、政所樣へ爲御礼可罷出之由、内々申之条、
〇致其用意也、今度不慮之觸穢〇子細在之、猶爲可相尋罷出了、即萩原へ罷向、樣躰聞之、依
難去子細、徃來至今日、其分也、然者今月ハ可爲延引之由申畢、尤予次第之由也、」

(8オ)

自高野(山城愛宕郡)金丸(ノチノ兼庵)・同母來、
孫女ミつ、萩原方へ爲礼罷出也、歸路及暮之間、送二三人申付遣也、

多武峯如々院祐盛來禮す

自多武峯如々院(祐盛)、例年之音信、銀子五文目、・榼柑一折百、到來、書狀來、神龍院大坂へ

梵舜秀賴參禮の爲大坂に赴く

下向、　內府爲御礼也、　福壽院(幸能)弟子才鶴丸致同道之由申訖、

十二日、乙未、　天晴、　多武峯返事、　御祓御表、・五明二本、・靑銅百疋、　使者貳十疋遣之、
常光院(三江紹益)申來云、　自文珠院金丸方へ杉原十帖、持來、　十五日ニ文珠院へ罷向、　其時金丸罷出
可然之由申來、　相意得之由令返事訖、

宇治茶師山田宗好男來禮す

十三日、丙申、　杉坊來、　帚二、持來、一笑、
宇治茶所宗好(山田)子、圓柹三袋、・去々年之鴈一、・百疋遣之、　民部取次之、　少二郎影カマス
三連、・指樫持來、　右各令對面了、　萩原・弟幸鶴丸來、　今日抑留、　」

兼從等を朝餐に招く

(8ウ)十四日、丁酉、　萩原・幸鶴於予亭朝飡、　狩野平三郎相伴、　祢宜四五人召寄、　圍碁、　文
珠院弟子杉原十帖持來、　年頭遣一樽三荷三種也、　高野鄕衆二俣六左衞門尉・同や六郎
爲礼來、　六左納豆、・や六、黑木廿巴〔把〕、　兩人五疋(〆疋)充遣之、
茶筅師三、持來、　貳十疋遣之、　影山小二郎栗子一折持來、　羞酒、

豐國社神事

十五日、戊戌、　天晴、　當社神事、　參勤、　兼從同前、　佐法〔作〕如常、

碁盤成る
三江紹益來る

碁盤來、　白黑百九十目ノ石百九目・一面持來、百疋遣之、　建仁寺常光院來、　杉原一帖、・菓子、一折、　以スイ物

文殊院日待

一盞、　次小漬、　宗印、五明三本、　今夜文珠院日待、　直被罷出也、　漢倭興行云々、　先日金丸在寺之

(9オ)
時、音信杉原十帖持來、唯杉原十帖・五明、狩野弟子、」調之、別而入念申付、二本相添十帖、
金丸令持參了、
初夜時分金丸罷歸、コウケンニ依二句仕之由申也、

當官位の口宣案を賜る

十六日、己亥、天晴、昨日自花山院殿(定熈)申來、當官位以口宣書之、先勸黃(勸修寺光豐)へ、爲內談以
左京助(鈴鹿和房)持遣之、後刻罷歸、黃門(勸修寺光豐)參內、花山院殿へ令持參、得御意之處、惣次之樣調給
之条、卽相調之、持遣之、下書在之、兼治同前相調之也、督・佐之事、使者ニ具理申遣
了、

兼治の官職に就き申入る

新上東門院より酒肴を賜る

自女院樣御樽三荷、柳、三色、鱈卄・鮑卅・昆布五束、御使少納言殿ヨリ文、御返事申入也、御
使ニ百疋遣之、文珠院昨夜之懷紙借之、仰權少副令書寫、本懷帋返遣也、」
(9ウ)

淺野幸長豐國社社參

淺野紀伊守(幸長)社參、爲案內之間、於社頭暫相待、數刻遲〻也、然間下山、後刻參社、御初
尾千疋、・神樂錢、十貫、近日神樂錢不下行、最前依相定也、
建仁寺宮川殿居住、最前音信也、唯今一折・双瓶、文ニテ申遣也、
伏見佐竹齋《イッキ》最前祝義、鮭一、到來、只今菓子之折持遣之、返事在之、
知積院(祐宜)へ遣一樽、マン中百五十、昆布二束、態調之、酒貳荷、使者遣久二郎、

（約二行空白）

才鶴丸來る

（10オ）十七日、庚子、天晴、金丸建仁寺常光院へ歸院、一樽強飯《ホツカイ》一、・コンニヤク一折百丁、・昆布二束、・貳荷、昨日入來、杉原十帖持來、爲其返礼靑銅百疋、宗印貳十疋、久次郎相添遣也、愛宕福壽院兒才靍、爲礼入來、帶一筋紫色、善乘坊五明五本、令對面、祝義羞一盞了、自是吉田へ罷歸之由申也、

豐國社緣日

十八日、辛丑、天晴、當社御縁日、神事、參參勤、兼從同前、神前之佐〔作〕法如常、參社男女數人、新町地下人孫二郎爲礼來、圓柹二袋、・五明二本、遣貳十疋、豐後守へ取次之、

廣橋兼賢に官位の書立を進む

今朝官位之書立廣橋弁（兼賢）へ持遣之、此分尤可然存也、不可有別義之由返事、

自山崎爲礼柳壹荷、持來、神龍院取次之、

（10ウ）十九日、壬寅、天晴、今朝神供遣吉田、昨夕之神供、巫女七（×八）人へ下之、

（約一行空白）

勝重より西岡醍醐堤の普請役を課さる

免除を申入るも許容なし

廿日、癸卯、雨下、西岡（山城綴喜郡）醍醐堤之事ニ、東西ノ在鄕普請之儀、觸折紙、伊賀殿（板倉勝重）直判也、吉田鄕同前、就其板伊州へ代〻之免除、又御朱印已下、以神龍院雖申理、此度ハ難成之由無許容、明日尾州下向也、彼是被取紛、不及是非仕合也、

（約三行空白）

豐國社旬神事

(11オ)廿一日、甲辰、　當社旬神事、參勤、兼從依所勞不參、

兼治に普請役を申渡す

在鄕普請、左兵方ヘ申遣了、此度ハ人足可罷出覺悟也、
阿野少將爲礼五十疋持來、羞小漬、及晩歸京、
廿二日、乙巳、　祢宜來、打碁、備前衆文珠院在之、碁爲見物來、令所望打也、三ツ計之
手合歟、

普請役に就き勝重下奉行衆に使者を遣す

明日西岡表堤之普請之義、伊賀守（板倉勝重）下奉行衆ヘ遣使者、以入魂理申遣也、廿人計可罷出之
由內證也、

廣橋總光に兼治の口宣案を進む

廣橋宰相（總光）折紙到來云、左兵衞督口　宣案、相添使者早〻可持來之由云、吉田ヘ申來、彼
使者ニ罷歸、折帋ハ吉田ヨリ持來、卽口　宣以久次廣宰相（廣橋總光）ヘ持遣之、此書出者勸修中納（勧修寺光豐）
(11ウ)言也、然者黄門ヘ可遣義歟、」其段無案內也、宰相（廣橋總光）御分別次第之由申遣也、後刻使者罷歸
云、勸（勧修寺光豐）ヘ之義尤之分別也、自宰相可持遣之由返事也、

吉田より堤普請の人夫を遣す

廿三日、丙午、雨下、　堤之普請十二人、此內奉行二人、罷出之由、吉田ヨリ申來、
勸黄門ヘ遣使者左京助、昨日口　宣仕合、理申遣也、理之子細承候、不苦之由返事也、

片桐貞隆豐國社社參

持病の頭痛を患ふ

かけ碁

母月忌
安藝名物串柹

安堵了、
知行之代官神足助兵衞尉來、普請人足十二人罷出也、下奉行諸鄉名〻書立之、吉田と同
前注之由申也、別ニ無子細之由申也、令安堵了、
萩原方ヌレ椽、大工助右衞門尉ニ申付也、材木召寄之、」
(12オ)
廿四日、丁未、　堤之普〔請脱〕、如昨日十二人罷出之由申也、
片桐主膳正(貞隆)社參、御初尾參百疋、以使者百疋持來、先度大坂ヘ自是百疋遣之、礼返也、
祢宜・祝召寄、圍碁興行、夕飡、
自昨日持病頭痛、
廿五日、戊申、　天晴、持病今朝少平散、
西岡普請如昨日、　備後牢人來、半右衞門尉扇や、召寄、打碁、かけ也、客ニかけ錢貳十疋遣
之、
廿六日、　無量院(兼見母、妙蓮)月忌、精進、下京宗也串柹二巴〔把〕、藝州名物也、・仙朝五明五本、・春知來、圍碁、羞夕飡、」
及暮各罷歸了、
(12ウ)
廿七日、庚戌、　祢宜來而打碁、

書院東壁普請

廿八日、辛亥、　書院東壁ノツケ、大工助右衛門申付也、

廿九日、壬子、　宗印入來、及暮皈院、

兼從患ふに依り藥師に診せしむ

今夜於文珠院日待、常光院罷出之由言傳也、
萩原此間所勞、十三日程不食、藥師來、予令對面、樣躰申聞畢、氣ノツカヘ、又風ヲ引、虫氣也、内熱少在之、藥令加減可進之由申訖、　今夕至吉田萩原罷出也、
書院壁下地出來、未付土、」

(13オ)

二月大

豐國社神事
兼從所勞に依り不參

一日、癸丑、　天晴、當社神事、參勤、兼從(萩原)不參、此間依所勞也、神供頂戴之、祢宜・祝來、打碁、

兼治任左兵衛佐の口宣案
先年任ぜらる左兵衛督を改む

阿野少將(實顕)書狀到來云、兼治左兵衛佐之口　宣、廣橋宰相總光卿被相調持來、先年之被改督、今度佐ニ被成下也、但口　宣ハ督ノ時之年號日付也、廣相公(廣橋總光)ヘ明日以使者可申遣之由、阿野少將書狀也、吉田ヨリ持來之間、唯今不及返事也、此儀中院入道(素然、通勝)也足軒依被申

入、如此也、
二日、甲寅、　持病發、
月神を拜す
三日、乙卯、　向夕月神拜念、
兼從病平癒の爲守を調ふ
(13ウ)三日、乙卯、　萩原兼從守調之、八角守、又八難・疾病、守二ツ、調之、持遣之、遣新七也、」聖家也、田舍此間祝宮内大輔(林重邦)ヘ切々出入、小性ニ讀書令脂〔指〕南、易道又新易占之由申、令同道來、令對面、暫相談之、五明五本持來、
高臺院より兼從の見舞あり
兼從政所さま(秀吉室、高臺院、杉原氏、寧子)より御見舞、此一折鱒五、被下之也、爲賞味持來、以書狀申遣了、
今日當社御初尾三十疋、ニワ、大坂馬廻衆也、民部(鈴鹿定繼)當番也、

（約一行空白）

四日、丙辰、　天晴、時々雪下、　春知來、打碁、

（約一行空白）

吉田淨慶より豐前樽を贈る
(14オ)六日、戊午、　盛方院(吉田淨慶)以沈醉、豐前樽二、持來、大樽也、」
兼從病中なるも吉田に赴く
七日、己未、　萩原(兼從)吉田ヘ罷也、不食之中、不可然之由雖申、爲晴氣罷出之由申之条、不及是非、

兼見室兼従病平癒祈念の爲因幡堂藥師に詣づ

本多忠勝より祈念を依賴さる

去年より七年代官詣を始む

父兼右月忌

豐國社神事

清水常樂坊竝に慶順をして兼従の病を占はしむ

片桐且元豐國社二季申樂舞臺番出目某を召抱ふ

八日、庚申、青女(兼見室、佐竹氏)因幡堂藥師詣了、萩原爲祈念、七人立塩、青女同前詣了、後刻香水持來、頂戴之、

九日、辛酉、天晴、本多中務少輔(忠勝)書狀到來云、自去年當社へ七年以代官詣之、祈念之義賴入之由申來、銀子一枚、持來、書狀返事遣之、使者羞一盞、不及對面、

春知・宗印來、打碁、」

(14ウ)

十日、壬戌、唯神院殿(吉田兼右)月忌、精進、

十一日、癸亥、當社神事、社參、神前之儀如常、兼従不參、無奉幣之義、予引御鈴、

清水常樂坊招寄、萩原所勞之儀占之、不苦之由云、來三月者本腹(復)之由云、智福院(慶順)來、占之、不可有別義之由云、五十疋遣之、唱門師龜大夫每年礼來、五十疋遣之、今度貳十疋遣之由云、對客之間罷歸、內義依無案內如此之由申也、

當社御初尾壹貫貳百文、當番權少副(吉田兼之)請取之、次貳百疋アリ、社參也、」

(15オ)

十二日、甲子、杉坊來、打碁、羞夕飡、及暮皈房、

當社二季申樂之舞台之御番、出目《テメ》二男片桐市正(且元)召置之由案內也、即出目親子來、對面、

親入道是閑《セエカン》(出目吉滿)五明、五本、息、三本、羞一盞、惣別爲社家相續之義可申付次第也、當時之義也、

不及了簡、

兼従食事を攝る

入夜萩原供御少食用、大慶〻〻、忽當社之加護也、今日於當社湯立、男巫勤之、

常樂坊に禮を遣す

十三日、乙丑、天晴、先日來清水常樂坊へ杉原十帖・扇、末ヒロカリ、一本、以使者久次遣之、罷歸云、在坊礼義也、

本因坊算砂に酒肴を遣す

本因坊（算砂）田舍榧大一、・昆布、三束、以祢宜左馬助持遣之、

今度衆中之義ニ以外取亂、氣遣之由申訖、

萩原今日少食用之由申也、」

豊前の兼治室に音信す

明日勘七豊前へ罷下、左兵衞佐内義（兼治室、長岡幽斎女、伊彌）先日下國、于今滯留也、遣書狀、路次百疋遣之、萩原指下也、

（15ウ）

兼従吉田に赴く

十四日、丙刁、萩原吉田へ罷也、

十五日、丁卯、微雨、萩原食用、氣色已下得快氣之由申來、

兼従快復す

十六日、戊辰、天晴、萩原弥驗氣之由申來、

靑女書狀到來、重箱三重、持來、二重マン中、一重大佛餅、入之、可給之由申來、卽申付、相調遣了、

兼従室に山崎の油を遣す
高臺院より賄料なきに依る

鍛冶に釘代を下行す

豊國社縁日
黒田長政豊國社社參

高臺院豊國社社參

萩原内義(兼従室)へ油一桶、八升入、於(又自)山崎相調遣之、左京助(鈴鹿和房)使之、」(16オ)炭・油切〻之義也、政所さま
よりまかなひ已下一切無沙汰、卅人余諸事申付之、毎事不合期也、
カヂ《鍛冶》三右衛門尉釘之代百疋遣之、殘四十疋計在之由源介云、
十七日、己巳、　祢宜一兩人來而打碁、

(約一行空白)

十八日、庚午、　未明黒田甲斐守(長政)社參、拾貳貫御初尾、清銭也、自先年毎度神樂銭十二貫、・御
初尾、五百疋、此度五百疋略之、如何、不審〳〵、
早〻社參、神事、勤神膳、高臺院樣(秀吉室、杉原氏、寧子)御社參御案内也、湯立在之、然間急神事也、」(16ウ)
巳刻、高臺院樣御參社也、御初尾銀子、五枚、
二位(兼見)御對面也、於御前御小袖一重、綾織筋・銀、三枚、
萩原同前御對面也、御小袖一重一重、(衍)・銀子、貳枚歟、
左兵衛佐今度不罷出、御小袖一重、・銀子、貳枚歟、
祝各御小袖一、不《ス》レ縫《ヌハ》之、綿、被相添、
祢宜・下神官各へ八木、卅石、

山中焼餅

板倉勝重尾張より上洛す
本多若狭守豊國社に鷹等を進む

兼従吉田に赴く

智仁親王豊國社社参

巫女八人御小袖一ツヽ、不縫之、
愛壽申御礼、御小袖一、被下之、
御菓子一折山中ヤキ餅、・御肴臺物、五種、・カチン栗・ノシ」（17オ）四方ニ戴之、双瓶毎度此分也、湯立
男巫役之、
今日御初尾銀子九枚、吉田へ持遣之、源介持遣也、
十九日、辛未、曇、板倉伊州（勝重）自尾州上洛云ゝ、
宗也、備後衆也、近年在京、切ゝ來、鷹・鴈本多若狭守（堀田一繼カ）昨日十八日當社へ奉進之、宗
也方へ以久次持遣之、
八条宮（智仁親王）様明日當社へ御參社之由、中大路肥後守（清爲）書状到來、意得存之由令返事訖、
萩原吉田へ罷也、
廿日、壬申、辰刻、八条宮様御成、先於愚亭暫御休息、次御參社、萩原依所勞不參、祝
兼之（吉田）其外各罷出、神前之義神樂、次兼之勤祝戸、」（17ウ）次太麻御頂戴、次退出、於予亭被改御
装束、次御膳、四条（隆致）・予罷出也、
神前へ御太刀・御馬、予杉原卅帖、拜受、御礼申入了、御膳已後卽還御、今日神供遣吉

田、

法華宗常樂院日經と淨土宗法論あり
徳川家康是を沙汰す
日經京都六條河原に於て耳鼻を削がる

今度法華常樂(日經)淨土宗与法論ニ付而、於駿州武家(徳川家康)・(×家)之及御沙汰、双方雖罷出、不及法文、常樂院令閉口、依其咎今日京都ヘ被引上、自一條令乘車、於六条川原耳鼻、同類六人同前也、洛中廿一寺衆中被仰出、奉行板倉伊州被申出云々、三个条義也、未一決云々、」(18オ)

豊國社旬神事
勝重に音物を贈る
金丸高臺院に禮參す

廿一日、癸酉、　當社旬神事、參勤、萩原兼從不參、
板倉伊州爲見舞一折、大マン中百入之、以豊後守(鈴鹿勝正)持遣之、罷歸云、即伊州(板倉勝重)對面、祝着之由也、
高臺院樣金丸(ノチノ兼庵)爲當年御礼罷出也、相添民部、カウ藏主(川副勝重女)ヘ申也、後刻罷歸云、即御對面、被下御食、小袖兩面、不縫之、被相添綿拜領、カウ藏主ヘ綿ホウシ三ツ、遣之、仕合能罷歸、直致歸院也、

足利より來る僧と對面す

祢宜・祝來而圍碁、　關東足カ(下野足利郡)ヽノ僧京都徘徊之次來、禪衆端々學之、召寄、對面了、
廿二日、甲戌、　先日遣鴈宗也礼來、春知同道、圍碁、半右衞門尉《扇や》・杉坊來、羞夕飡、及暮罷歸、」(18ウ)

兼從病中なるも養生せず

萩原吉田罷、不食未本腹(復)、無氣力節、切々吉田・當屋敷徃來、無養性之義也、任氣合、

(約一行空白)

兼従に見舞を遣す

廿三日、乙亥、　時々雨下、萩原爲見舞使者源介、鶉籠二ツ、遣之、青女方へ錢三百疋・肴二色、遣之、

孫女滿に神供を遣す

阿野少將先日入來、爲返礼遣使者久次、五十疋・肴不塩鯛二、遣之、孫女ミつ、かたへ遣神供、後刻罷歸、阿野御番也、ミつかたより返事在之、

京極高次豊國社社參

若州守護京都〔極〕（京極高次）宰相社參、千疋御初尾奉進之、當番祝宮内少輔（治重）請取之、　權少副碁笥一双、出來、木地指也、」

兼従病平癒の祈念を修す

(19オ)廿四日、丙子、　於當社天度百座、來月三日マテ毎朝爲萩原祈念讀誦之、今朝之御祓持遣之、

廿五日、丁丑、　天晴、天度御祓吉田へ持遣之、

母正忌

廿六日、戊寅、　無量院殿（兼見母、妙蓮）年忌、於神恩院半齋、

兼従病中なるも大津に遊覧す

廿七日、己卯、　萩原大津（近江滋賀郡）へ爲遊覧罷越也、所勞之内不養性如何、令氣遣了、今夜令滯留之由申了、

廿八日、庚辰、　萩原自大津罷歸、直吉田へ罷之由申也、

池南の藪垣普請

廿九日、辛巳、　池ノ南藪垣申付了、竹木伏見へ取遣之也、

(19ウ)卅日、壬午、　春知來、打碁、自廿四日毎日天度、百座、萩原祈念、」御祓持遣了、未食、但
氣色無別義、無爲安藥〔樂〕也、」

(20オ)

三月小

豐國社神事

一日、癸未、　豐國社神事、參勤、兼從(萩原)不參、

神事
右足を患ふに依り不參
兼從猶食欲なきに依り不參

三日、乙酉、　神事、俄相煩筋不參、右之足以外痛之、
兼從近日依不食不參、連日不本服〔復〕、令氣遣了、
(約四行空白)」

(20ウ)
(〇半丁白紙)」

(21オ)

四月小

豐國社神事
足痛癒ゑざるに依り不參

一日、壬子、　晴、當社神事、不參、足筋之痛未平癒、且以不合期也、兼從(萩原)不參、

(約六行空白)

高臺院豐國社社參

(21ウ)十六日、丁卯、高臺院様(秀吉室、杉原氏、寧子)御社參、御盃肴、臺物・ホツカイ一双・强飯、社頭御初尾銀子、五枚、兼從爲躰於」
外陣御礼申入云々、予未罷出、

豐國社神事

十七日、戊辰、湯立、天度祓、自今日三日神事、如例年、
青女(兼見室、佐竹氏)(ノチノ兼庵)來、金丸母申礼也、内々高臺院様御口入也、忝次第也、

豐國社縁日 秀頼名代として大野治長社參す 所勞に依り不參

十八日、己巳、未明自大坂御名代大野匠作(治長)、予兼從依所勞不罷出、兼從罷出、奉幣、
内府(秀頼)ヨリ万疋、御袋(淺井長政女、茶々)ヨリ金子、一枚、予五枚、・左兵衞(兼治)五枚、・兼從、五枚、次退出、如例祝、珍
重々々、」

上卿烏丸光宣豐國社社參

(22オ)午刻上卿烏丸亜相(光宣)參勤、兼從罷出、上卿奉幣、祝戸兼之(吉田)勤之、御馬・御太刀御奉進、
馬代、五百疋、次退出、

後朝申樂四座大夫參候なきに依り催さず

十九日、庚午、後朝之申樂、今度四座共以被召置駿州不罷(罷上、)上座者共端罷上、相待、至午
刻大夫無左右、仍不及是非、舞臺取置之由案内申訖、今月觀世・法性(寶生)也、

(約二行空白)

豐國社旬神事

廿一日、壬申、旬神事、祝・祢宜參勤、予・萩原依所勞不參、今朝之神供下樂人、」

奥平家昌より祈念を依頼さる

（22ウ）廿九日

廿六日、丁丑、　奥平大膳大夫家朝（昌）使者罷上、書狀到來、爲祈念於　當社豐國明神・（×神）大神樂可勤之由承畢、去年者大護摩於社頭執行、今度其段書狀之内申來也、猶神龍院（梵舜）へ被申上也、來月十日可致下國、其已前致結願、御祓等可被渡下之由、使者申也、相意得之由令返事、彼使者春知令同道來、

五月四日吉日也、可執行之由、神龍院へ申聞畢、

（約一行空白）

廿九日、庚辰、」

五月大

（23オ）

豐國社神事病に依り不參

一日、己巳（辛）（×辛）・、　神事、祝・祢宜參勤、予・兼從（萩原）依所勞也、

（約一行空白）

名代をして月神を拜せしむ

三日、癸未、　及夕月神以名代拜之、以其御祓予拜念、連〻致信心也、

明日より奥平家昌の祈念を修さんとす

明日四日吉日也、奥平匠作(家昌カ)祈念、巫女・祝・祢宜申付之、神前ニ立御榊、先年臨時祭、以金作之御榊也、青和幣・白和幣懸之、　巫女佐法(作)今度令下知也、次天度祓、千座、神樂之后祢宜勤之、　來八日結願也、毎日神龍院(梵舜)・豐後守(鈴鹿勝正)社頭へ罷出、右之子細可見計之由申付之、」

加藤清正豐國社社參

(23ウ)五日、乙酉、　加藤肥後守(清正)社參、當番定繼(鈴鹿)、神龍院吉田へ皈院、豐後守伊州(板倉勝重)へ罷出、肥州(加藤清正)於(正)神前殊機嫌也、種々國之明神奇瑞之義、被相談云々、御初尾、千疋、神樂、十二貫、各惡錢也、

予方へ使者、帷五ツ、・銀子、五枚、毎度帷三ツ、可給之處、今度銀子以下加增、丁寧也、使者進盃、帷一、遣之、　肥州頓而退出、直政所さま(秀吉室、高臺院、杉原氏、寧子)へ祇候也、

清正高臺院に祇候す

勸修寺晴子より燒物を賜る

七日、丁亥、　阿野少將(實顯)來、　女院樣(新上東門院、勸修寺晴右女、晴子)燒物、ナマリ香箱ニ入拜領、毎年被下之、忝之由申入了、

家昌の祈念結願す

八日、戊子、　於當社祈念結願、　未刻御祓等自社頭取下、

予納箱、天度千座、御祓、以引合折之、中五色之幣、串五角、長八寸、」

(24オ)豐國大明神百座神樂、天度千座、一七个中御祈禱、

書狀返事已下相調之、仰重勢《チウセイ》助筆、日付、九日書之、

奥平(家昌)大膳大夫殿　尊報　書狀草案別紙在之、

(約二行空白)

清正に豐國社社參の禮を遣す

九日、己丑、雨下、加藤肥州(清正)社參爲礼、遣民部少輔(鈴鹿定繼)、曝布、十端、及晩罷歸、暫相待、以對面申入之由也、殊機嫌之由申訖、

父兼右月忌

十日、庚刁、天晴、唯神院殿(吉田兼右)月忌、精進、「五百疋青女方(兼見室、佐竹氏)ヘ持遣之、近日爲礼阿野(實顯)殿罷向之由(×也)爲用意也、

豐國社旬神事

(24ウ)十一日、辛卯、當社旬神事、祝・祢宜參勤、予・兼從依所勞不參、

片桐貞隆豐國社社參

片桐主膳正(貞隆)社參、御初尾、百疋、清錢、宮内大輔重邦(林)取次之、

禰宜等を朝餐に招く

十二日、壬辰、天晴、祢宜廿人、・神供方十人、・女共召寄、下朝飡、卅余人在之、近日爲見舞細ゝ少事令持參之条如此、

佐竹齋女の婚禮に祝儀を遣す

佐竹齋《イツキ》息女依緣子細、田舍ヘ令下向之由、青女方ヨリ申來之条、青銅五百疋持遣之、

自備後到來之大莚取椽、

所望に依り孫女滿に錢を遣す

十三日、天晴、阿野内義ミつ、方より書狀二重、フノヤキ、到來、隨而青銅所望之由申來、貳百疋遣之、到來一重、上屋敷ヘ遣之、

（約一行空白）」

齋室來る

（25オ）十七日、丁酉、齋《イツキ》(佐竹)女房衆來、羞夕飡、已後至伏見被歸也、

（約五行空白）」

豐國社緣日

行步不自由

十八日、戊戌、當社御緣日、神事、祝・祢宜參勤、予・萩原依所労不參、松嶋四郎右衞門尉爲見舞來、紀州之名物ワカメ一折持來、行步不自由、仍不及面謁也、」

兼治窮乏に依り米を扶助す

家の冥加果つるを歎く

（25ウ）左兵兼治不弁之由、此間切〻自青女方(申)來、八木拾石遣之、修理(鈴鹿保爲)請取ニ來、御倉左京助(鈴鹿和房)預申內、十石(令)借用之、渡遣訖、左兵身體条〻、盡家之冥加相果仕合、公武外聞無念、口惜次第、子細中〻難盡禿筆〱〱、

晚之神事、如今朝、

吉田兼俱月忌

十九日、己亥、(吉田兼俱)神龍院殿月忌、精進、觀念、

（約四行空白）」

豐國社旬神事

（26オ）廿一日、辛丑、當社旬神事、祝・祢宜參勤之、

（約二行空白）

豐前より兼治室上洛す

廿三日、癸卯、自豐州左兵衞女房(兼治室、長岡幽齋女、伊彌)上洛、越中守(長岡忠興)同舟之由被申也、至豐國來、自是吉田へ

歸宅、

（約一行空白）

豐國社神馬斃死す
長岡忠興に上洛の見舞を進む

廿四日、甲辰、　當社之神馬巳刻斃、　爲老馬年數已下不知之、

羽柴越州(長岡忠興)以書狀・使者、勘七、上洛見舞了、鮒卅、持遣之、昨日直ニ伏見ヘ被相越也、及

晩伏見より使者罷歸、返事在之、

（約一行空白）」

兼見室北野社に詣づ
大津に鮒を買に遣す

(26ウ)廿五日、乙巳、　靑女北野詣了、輿舁二人、遣也、

自昨日大津(近江滋賀郡)ヘ鮒取ニ遣之、左京助・弥介兩人、代物百疋、遣之、鮒數百四五十、到來、此內吉

田ヘ五十遣之、

御局其外女房衆十人余、羞夕飯、予・金丸母(ノチノ兼庵)相伴、

午刻夕立、

廿六日、丙午、　祝中務兄將監來、圍碁、夕飯、

雨降、耕作最中土民安堵之、

小姓等に鮒汁を振舞ふ

廿七日、丁未、　大津ヨリ商人鮒持來、鮒七十二、取之、小性共晚之汁ニ下之、人數廿五人、

忠興に神供を進む
孫女満に米を遣す

今朝雨晴、
廿九日、己酉、羽柴越州へ遣神供、遣書狀、無返事、
卅日、庚戌、阿野内義ミつ方へ八木三石遣之、此間拂底之由聞之、仍遣之、阿野殿より
書狀、右之礼也、」

(27オ)
明日盛方院(吉田淨慶)へ羽柴越中守被罷越之由申來之間、肴物大津へ取遣之、鯉一、到來、○以書狀持遣
之、

吉田淨慶來る

明日高臺院樣(秀吉室、杉原氏、寧子)御社參之由御案內、湯立可參之由、幸藏主(川副勝重女)ヨリ申來之条、巫女各申付之、
御菓子・肴已下用意之、
及暮盛方院來、妙法院殿(常胤法親王)御脈ニ參次也、明日羽越中守(長岡忠興)入來之由申訖、」

(27ウ)
六月小

豐國社神事筋痛に依り不參

一日、辛亥、朝程雨降、神事、祝・祢宜參勤、予・兼從(萩原)不參、予筋痛、兼從不食未本
腹(復)、非自由、

高臺院豐國社社參

長岡忠興吉田淨慶第を訪ふ

大久保長安より所望さる日本書紀神代卷書寫成る

高臺院(秀吉室、杉原氏、寧子)様御社參、此節雨晴、御菓子一折、マン中百五十入之、御盃、四方ニ御肴カマホコ・笋・小サシ・マスノ魚・カラスミ・ノリ、・双瓶、萩原(兼從)異體ニテ内陣罷出、御礼申入也、内義(兼從室)昨夕ヨリ朦氣也、不被罷出也、御初尾、銀子三枚、・湯立二釜、銀二枚、・銀錢廿錢、御奉進之、下〻御初尾壹貫五百文、予御帷三ツ、・一重物、アサキ色・カキ色、左兵衞佐(兼治)御帷、三ツ、萩原御帷、三ツ、色同前之由申訖、祝十人御帷二ツ充、祢宜廿人御帷一ツ充、此外神供之神人十人、・黄衣廿人、・神供舁・除拂者・御厩中間・吉田之神人四人」御帷一ツ充被下之由申訖、忝次第也、

(28オ)

今日當社御神供、萩原へ内義へ所望之間、遣之、

吉田社之神供持來、頂戴之、

羽柴越州(長岡忠興)盛方院(吉田淨慶)へ罷向云〻、

三日、癸丑、霖雨、未晴、

自吉田長鶴丸來、金丸(ノチノ兼庵)建仁寺ヨリ召寄、

四日、甲刁、　長鶴丸吉田へ罷歸、金丸歸院、

日本書紀神代上下卷、大久保石見守長安去年上洛之節所望、神龍院(梵舜)へ書寫之義約諾之、

病に依り奥書官位のみを書す

此間書之、今日出來、予奧書之義、石州(大久保長安)定而可爲其心得、可調遣歟之由被申之間、書之、近日所勞故、右筆且以不自由也、端〻分仰神龍院、」(28ウ)予官位之分ヤウ〳〵書之、更〻非自由也、

梵舜を伏見に遣し長安に日本書紀を進む

仙朝來、有圍碁、差晩炊、歸京、

五日、乙卯、　雨下、神龍院伏見へ被罷越、昨日之書紀石州使相渡、左馬(鈴鹿)允相渡之由被申也、双紙之仕立樣・文挾已下入念之由、左馬(鈴鹿)申云〻、

兼治室來る

青女(兼見室、佐竹氏)ひかし殿(大谷吉繼母)へ爲見舞罷向之由申來、人足二人、遣之、

六日、丙辰、　雨下、　左兵衞佐女房(兼治室、長岡幽齋女、伊彌)入來、今度自豐州上洛已來初也、於萩原內義有夕飯、及暮予方へ入來、豐前酒大樽貳ツ、・干鯛廿、・葛粉、一桶、　金丸母檀帋、十帖、　金丸ニ丁子、一斤、　今夜巫小さい將所一宿、　萩原內義ミやけ」(29オ)慥不知之、

祇園會山鉾巡行

兼治室を朝餐に招く

七日、丁巳、　雨下、最中祇園繪(會)、山ホコ渡之云〻、

左兵女房(兼治室、長岡幽齋女、伊彌)請朝飡、於書院予相伴、上屋敷之局爲相伴入來、ミつかたへ遣神供、　如今朝夕食申付之、

兼見室因幡堂藥師に詣づ

八日、戊午、　青女予爲祈念因幡堂藥師詣了、香水持來、蓼倉藥師宗齋詣了、香水持來、

各頂戴之、

豊前より上洛せる孫辰の婿長束助信を招く

九日、己未、今度自豊州田中半左衛門尉（長束助信）、左兵衛佐女房上洛ニ付而、羽越中（長岡忠興）被申付、被罷上也、予孫ムコ也、今朝豊國之亭ヘ請也、左兵女房・上屋敷之御局・左兵・萩原相伴、予行歩依不自由、罷立了、

兼治室吉田に帰る

十日、庚申、左兵女房至吉田帰宅、今朝於此方朝飡、

豊國社旬神事

(29ウ)十一日、辛酉、旬神事也、予・萩原不参、祝・祢宜参勤、

父兼右月忌

唯神院殿（吉田兼右）月忌、精進、次拜之、」

（約五行空白）

祇園會神輿還幸

十四日、甲子、雨降、祇園繪〔會〕如例、及暮神輿還幸、

備洗米・御酒、祈念、三所願念、

月食

十五日、乙丑、曇、月蝕、時分曇、不見之、」

（約四行空白）

豊國社縁日　兼見竝に兼従不参

(30オ)十八日、戊辰、當社御縁日也、予・兼従不食、不参、夕神事同前、

助信を萩原第に招く

十九日、己巳、田中半左衛門尉（請）萩原方而、至暮酒宴云々、

郵便はがき

料金受取人払郵便

神田局
承認

5469

差出有効期間
令和３年７月
20日まで

（切手不要）

101-8791

514

東京都千代田区神田小川町 3-8

八木書店 古書出版部

出版部 行

ご住所 〒		
TEL		
お名前（ふりがな）		年齢 歳
E メールアドレス		
ご職業・ご所属	お買上書店名 都府県 市区郡 書店	

お願い このハガキは、皆様のご意見を今後の出版の参考にさせていただくことを目的としております。また新刊案内などを随時お送りいたしますので、小社からのDMをご希望の方は、連絡先をご記入のうえご投函賜りたく願いあげます。ご記入頂いた個人情報は上記目的以外では使用いたしません。

お買上げ書名

＊以下のアンケートに是非ご協力ください＊

1、ご購入の動機

□ 書店で見て
□ 書評を読んで（新聞・雑誌名：　　　　　　　　　　）
□ 広告を見て（新聞・雑誌名：　　　　　　　　　　）
□ ダイレクトメール
□ 八木書店の Web サイト・Twitter を見て
□ その他（　　　　　　　　　　）

2、ご意見・ご感想をご自由にお聞かせください。

3、機会があれば、ご意見・ご感想を新聞・雑誌・広告・小社ホームページなどに掲載してもよろしいでしょうか？

□ はい　□ 匿名掲載　□ いいえ

ありがとうございました。

伏見より割木を取寄す

於伏見ワリ木千五十束、取遣之、到來、勘七・弥介申付遣了、佐竹齋相談了、

廿日、庚午、　超勢・半右衞門尉來、圍碁、及暮皈京了、

廿一日、辛未、　天晴、上屋敷へ金丸母爲見舞罷出、一重持之也、

（30ウ）

廿二日、壬申、

頭痛を發す

廿三日、癸酉、　持病頭發、

廿四日、甲戌、　明日金丸母、左兵衞佐內義へ爲礼罷出、持參棰已下用意之、申付了、

北野社代官詣

廿五日、乙亥、　天晴、北野代官參、祢宜主馬允詣了、御初尾十疋遣之、

金丸母吉田に赴く

金丸母吉田へ罷向、上屋敷御局同道、何も乘輿、人足已下申付也、先予屋敷へ可罷向之由申也、靑門マクワ卅、・鮓、一重、數八十、御ちやう丸ニ一重マン中卅、（〆ウ）ウス皮、左兵內義へ三荷柳、・酒、於京都相調之、肴三色・强飯行器貳荷、・アメノ魚、廿、於大津（近江滋賀郡）相調之、　カマス、十連、

杉原廿帖、・布ハツカウツヽキ、一端二重之上ニ置之、金丸持參、

（31オ）

今度依服（腹）中氣主不罷出、母委細理申含也、

幸鶴丸扇一本、於御繪堂相調之、代貳十疋、

ちほ　いね三ツ、裹之、十疋ニ三ツ調之、とうゐいの坊をもて調之、
姫　いね、二ツ、樣躰同、
召遣女房衆十人余、靑銅三百疋、遣之、
最前靑女方へ罷出分也、豐後守（鈴鹿勝正）・雅樂助・中間二人与七・七郎、申付也、人足神足（山城乙訓郡）知行之者七人召寄、其外詰夫共申付了、　及晩吉田ヨリ罷歸云、左兵衛靑女方ニテ仕合懇也、於左兵方給飯之由申也、モロウス一重物・紅帶給之由、持罷歸了、

金丸母高野に赴く

廿六日、丙子、　早天金丸母里高野（山城愛宕郡）へ罷向、今朝之御神供持之遣也、奈良漬白瓜百五十、左京助（鈴鹿）代官下代ニ申付、相調之、吉田へ百、高野五十持遣之、塩吉田二俵八斗、也、高野へ一俵、

母月忌

（31ウ）
無量院殿（兼見母、妙蓮）月忌、精進、願心、
廿七日、丁丑、

右足に灸を据う

廿八日、戊刁、筋之痛右之足二所灸治、七火ツ、、
廿九日、己卯、

七月大

(32オ)

豐國社神事兼見竝に兼從不參

一日、庚辰、　神事、祢宜・祝參勤、予・兼從(萩原)不參、

梵舜を遣し片桐且元に七夕を賀す

神龍院(梵舜)大坂ヘ下向、片桐市正(且元)七夕之祝義、帷ニツ、・一重物カラシマ、ウス柹、遣之、　未刻夕立、及暮晴、

二日、辛巳、

神龍院大坂ヘ、今日也、見于右、

山椒の芽取

吉田ヨリ山椒目取之事持來、卽申付之、

曇天に依り月神を拜さず

三日、壬午、　及暮月神拜念之處、曇、不拜尊神、

兼治室等を蓮の花見に招く

四日、癸未、　吉田女共・同左兵衞佐(兼治室、長岡幽齋女、伊彌)女房、爲蓮花見物召寄、

高臺院に七夕の祝儀を獻ず

高臺院(秀吉室、杉原氏、寧子)樣今月御祝義進上之、

奈良曝五端、ツ、キ也、(〆也)　かウ藏主(川副勝重女)三端、・御きやく人二端、・御こちや、二端、かウ藏主充所にて、文ニテ申入了、」

孝藏主より紀伊名物麥粉を贈らる

(32ウ)

私ヘ之文遣之、後刻民部少輔(鈴鹿定繼)罷歸、御返事直書也、かウ藏主私之返事在之、紀州名物ト

梵舜大坂より帰る
秀頼より服忌令等に就き御尋あり
兼従室朝餐の振舞あり
兼見歩行難儀に依り赴かず
大坂の秀頼等に七夕の祝儀を獻ず
秀頼
秀吉側室淺井氏
千姫

テ、麥粉三袋、被下之、
神龍院大坂ョリ被罷上、市正(片桐且元)機嫌之由被申也、内府(秀頼)御礼被申入、御對面、奥之間へ被
召寄、服忌令其外當社之義、御尋之由被申也、
高臺院さま角豆一折、右之次進上之、毎年懸御目也、
五日、甲申、　萩原御内義(兼従室)爲御振舞、青女(兼見室、佐竹氏)・左兵(兼治)・同女房衆、下々不殘朝飡ニ罷出也、予
行歩不合期故、不罷出之處、被持下也、金丸(ノチノ兼庵)・同母ニ罷出也、
(33オ)
大坂へ民部少輔罷下、進上之物如例年渡遣之、大藏卿殿(大野定長室)へ文にて申也、」
一、内大臣様(秀頼)　二面ヲリ筋、クチ葉、
一、御うへさま(淺井長政女、茶々)　二面黒紅梅、ねり、
一、姫君さま(秀頼室、德川秀忠女、千)　二面モヽ色、ねり、
一、大くら卿殿(大野定長室)　曝　五端
一、二位殿(渡邊重女)　同　三端
一、三位殿　同　三端

一、姫君御局　同　二端

一、御いちやへ　青銅百疋清銭、

大くら卿殿へ文にて申了、」（33ウ）

新上東門院に角豆を献ず

女院様（新上東門院、勧修寺晴右女、晴子）角豆一折、進上之、臺已下新調、祢宜左馬允（鈴鹿）致持参了、

近衛前子等に角豆を献ず

六日、乙酉、女御様（近衛前久女、前子）角豆一折進上之、女院様へ如進上也、以祢宜主水申入、（×也）致持参也、

妙法院（常胤法親王）角豆一折以豊後（鈴鹿勝正）進上之、

七日、丙戌、大御乳人・勧後室（勧修寺晴豊室、土御門有脩女）角豆進之、祢宜右京助（鈴鹿）罷出也、

長岡幽斎室豊前より上洛す

幽斎女房衆（長岡幽斎室、沼田光兼女、麝香）豊前ヨリ上洛、為音信青門六十五、以久次申遣也、左兵女房衆（兼治室、長岡幽斎女、伊弥）へ以書状申遣也、

八日、丁亥、青女至吉田帰宅、雨降、路次より也、

高臺院より盆の祝儀を賜る

従　高臺院様、為盆御祝義、蓮之強飯行器一、・鯖五サシ、・柳御樽、一、カウ蔵主へ文にて御礼申入了、」（34オ）萩原同前、予文ニ御礼申入也、

神官共へ行器貮荷、・御樽壹荷、・鯖二コウリ、被下之、忝之旨書状之内可申入也、

盛方院（吉田浄慶）神供・角豆一折遣之、大坂へ下向、内義ヨリ返事、

金丸帰院、角豆一折遣之、

九日、戊子、知積院(祐宜)他行、・文珠院、返事、角豆、一折、以豊後守(鈴鹿勝正)持遣之、

十日、己丑、建仁寺宗印角豆一折、遣之、返事、

神龍院一樽到來、サウメン十巴〔把〕、・瓜廿五、・指樺、壹荷、弥兵衛持來、金丸母サウメン、使弥兵衛持之、

連〻令音信之由申之条、帷一、遣之、」

佳例祝儀
足痛に依り吉田に帰らず

(34ウ)十一日、庚刁、嘉例目出事也、予足ノ痛未本腹(復)之間、不罷帰也、盆ノ鯖七十サシ、・青銅、

・五百疋(×五)、吉田青女方ヘ持遣之、

ミつ方ヘ卅サシ遣之、

萩原女中(兼従室)・予方かけて七十五サシ(百十五サシ)左京助(鈴鹿和房)ニ渡之、

金丸母方ヘ廿サシ、

大津に於て鯖
二百三十五刺
を誂ふ

右貳百卅五サシ、商人大津(近江滋賀郡)ヨリ持來、於豊國相調之、

代壹貫八百五十文歟、

長靏丸一両日腹痛、盛方院以書状使者新七、遣之、

大坂ヘ下向、未上洛、為見舞使者吉田ヘ遣、小性先刻ヨリ本腹(復)之由云、令安堵了、豊後

守蓮飯予・金丸母・同金丸、令持參之、」

兼從存分あるに依り伏見に出奔す

（35オ）十二日、辛卯、萩原兼從此間依詔訴〔訴訟〕種々條數存分、今朝罷出屋敷、伏見佐竹齋所ニ在之云々、先代未聞、沙汰之限也、非一身覺悟、子細不及注之、
早天青女來、兼從義驚來也、及晩皈吉田、
左兵衞佐女房昨日ヨリ此方ニ逗留、爲萩原異見也、今朝之義驚入之由來而云、孫女ミつ、
蓮飯・柳壹荷、持來、

展墓
歩行難儀に依り不參
板倉勝重に音信す

十三日、壬辰、墓參也、予行歩未本腹〔復〕之間不參、青女可燒香之由申訖、
杉〔板〕倉伊州〔勝重〕帷、二ツ、以神龍院持遣之、一重、ヲリ筋、アサキ地、曝、被罷歸、仕合機嫌之由被申〔×折〕也、自伏見出京昨日也、仍遲々、
金丸在寺之院主〔三江紹益〕青銅千疋、宗印百疋、以豐後守持遣之、長老對面之由申了、金丸明日可來之由申也、」

本因坊算砂に角豆を贈る
算砂紀伊より上洛す

（35ウ）本因坊〔算砂〕ヘ角豆一折、以祢宜左馬允〔鈴鹿〕持遣之、爲礼書狀到來、此間紀州ニ滯留、昨夕上洛也、
例年右音信也、

（約一行空白）

盂蘭盆會

十四日、癸巳、今朝行水、日所作、看經、盆之祝義如例年申付之、及暮　祖神部類眷屬、

於庭上向水拜之、
夜半時分ヨリ大雨下、

豐國社に於て盂蘭盆を祝ふ

十五日、甲午、於豐國祝義、金丸・同母相伴、
上屋敷女中不殘祝義同前、
自吉田嘉例祝義持來、蓮飯・双瓶、使、貳十疋、下男十疋、遣之、金丸母上屋敷へ爲礼罷
出、大マン中、廿五、マロワラヒ・フ、二色煮マセテ入小重箱、相添右、」

兼從豐國社に歸參す高臺院の說得に依る

(36オ)
十六日、乙未、萩原自伏見至當屋敷歸宅、從政所さま(秀吉室、高臺院、杉原氏、寧子)御使・御書、御請申之由承了、
十七日、丙申、

豐國社緣日兼見竝に兼從不參

十八日、丁酉、當社御緣日、神事、祝・祢宜勤之、予脚氣未平癒、不參、非自由、兼從
不參、神慮有恐、
夕神事同前、祢宜・祝參勤、朝之神供予頂戴、夕神供金丸歸院持遣之、連々院主崇敬
也、

常胤法親王より初尾を賜る

自妙法院殿(常胤法親王)青門一折八十、給之、御使侍也、忝之由申入了、不及對面、御初尾壹貫三百、
當番祝權少副(吉田兼之)請取之由持來、

吉田兼倶月忌

十九日、戊戌、　神龍院殿（吉田兼倶）月忌、精進、

（36ウ）

昨日妙法院殿ヨリ被持下瓜、祝・祢宜召寄羞之、次碁ヲ打、」各羞夕飡、十四五人、

廿日、己亥、　朝勢來、打碁、及暮皈京、

豐國社旬神事兼見竝に兼從不參

廿一日、庚子、　天晴、旬神事、祝・祢宜勤之、予脚氣、行歩未平癒、萩原兼從不參、

仙重・春知・半右衞門尉來、圍碁、爰許之衆十二三人罷出、羞夕飡、及晩各皈京、

今日之神供樂人下之、

近衞信尹室に角豆を進む

廿二日、辛丑、　天晴、近衞殿（信尹室）政所樣角豆一折、進上、使者内膳、罷出也、庭者庭作也、來、

長岡忠興吉田に來る

廿三日、壬刁、　羽柴越中守（長岡忠興）吉田ヘ入來之由云、今夜滯留也、

廿四日、癸卯、　羽越（長岡忠興）自吉田相國寺ヘ罷出之由申也、」

秀頼豐國社に秀吉の乘馬を奉納せんとす

（37オ）

廿五日、甲辰、　大坂ヨリ片桐市正折紙到來云、右府秀頼公　當社ヘ神馬被牽置參、大閤〔閤〕（秀吉）御乘馬也、青一寸計、神馬珍重存候、明日廿六吉日也、於神前有佐〔作〕法、次御廐ヘ可牽入候、長久目出存之由令返事訖、神龍院ヘも書狀到來、彼使ニ帷、二ツ、御馬引ニ青銅貳百疋、遣之、於神馬之儀者、使者・馬引ニ遣之義古今無之、當社ヘ度々神馬也、不及其沙汰、今度ハ片市正（片桐且元）別而馳走、子細遮而申モ如何也、仍遣之、

神馬奉納
豐國社御厩清祓
忠興より音信ありサテン
南庭前藪垣普請
忠興の下國を見舞ふ
板倉勝重に八朔の祝儀を進む

廿六日、乙巳、　天晴、神馬牽神前、奉幣之佐法〔作〕、祝權少副、・其外之祝罷出、着座、祢宜各罷出、　次御厩清祓、祝・祢宜百座祓讀誦之、次拂御厩、散米已下具申付了、」（37ウ）羽柴越州ヨリ書状到來、國之極三ツ、・サテン二巻、唐物也、・切熨斗箱一、給之、返事訖、萩原方へ帷二、不及書状、予方へ之書中ニ申來、令返事也、萩原内義へ曝二端・丁子廿斤、音信云々、　上屋敷へ金丸母爲見廻罷出也、一重持參之、

廿七日、丙午、　南庭前藪垣、中間共申付之、入夜出來、

廿八日、丁未、　羽柴越中守今明中下國之由申之間、早天爲見廻以書状帷二、綾、單物、淺黄、遣左京〔鈴鹿和〕助〔房〕、自昨夕吉田滯留也、後刻罷歸、返事在之、吉田ヨリ昨日廿七、段子二巻取寄、幽齋女房衆今度上洛、近日下國之由申之間、可遣之用意也、二巻之内一巻可遣之也、明後日邊〻（邊）可持遣之、　高野〔山城愛宕郡〕弥六郎爲八朔之礼來、」（38オ）黒木廿巴〔把〕、持來、帷一、予一兩度令着用也、

廿九日、戊申、　板倉伊州へ八朔之礼、昨日神龍院被罷出、他行也、今日被罷向、對面、機嫌之節也、後刻被罷歸、右仕合被申也、百疋、靑サシ、其外五十疋、一、三十疋、一、貳十疋充、七、自高野二俣六左衞門尉來、鮎四十五、持來、帷一、遣之、新調也、

卅日、己酉、

盛方院來、仙重來、圍碁、以湯漬進一盞、」

(38ウ)

八月小

豐國社神事社頭新嘗兼見並に兼従不參高臺院豐國社に酒肴を奉加す

一日、庚戌、天晴、當社神事、新嘗、予行歩未平癒、不參、萩原(兼従)不參、

自高臺院(秀吉室、杉原氏、寧子)様當社へ御榧・行器、貳荷、肴、干鯛廿、・スルメ廿連、・昆布、五束、柳、三荷、文折紙ニテ御礼申入了、

行器一、當番へ下之、榧一、・行器、一、榧上屋敷進之、

行器一、吉田遣之、肴スルメ三束、・榧、一、其外家中各祝之、

樂人指榧貳荷、・肴二種、飛魚五連 昆布二束 ハモ廿本・生姜廿巴[把]、下酒肴、

林木[材]屋指壹荷、・肴、飛魚三連・昆布二束、

禁裏に太刀を進上す

禁裏御太刀、同親王(政仁親王)御方御太刀、以豐後守(鈴鹿勝正)長橋殿へ申入了、如例年、勸黄門(勸修寺光豐)へ肴一折」

(39オ)

干鯛、廿、以豐後守持遣之、板伊州八朔御馬牽進上之

自武家八朔御馬五牽罷出之由申訖、勸修寺ニ滯留之由申也、

金丸高臺院に禮參す

金丸(ノチノ兼庵)常光院(三江紹益)被召具、　高臺院様祗候、マキ五十巴(把)、・虫籠進上之、御帷二、拜領之、染帷・白、肥(木下家定室、杉原家次女)後守後室へ礼ニ罷向、杉原、十帖、院主(三江紹益)爲意得被用意之持參、帷二、給之、

神官各礼來、　上屋敷へ金丸母爲礼罷出、エソ五十被持參、吉田左兵衛内義(兼治室、長岡幽齋女、伊彌)梨子・桃ツミマセ、

金丸母方より持遣之、」

毛利秀元豐國社社參

(39ウ)
毛利宰相(秀元)社參、三百疋御初尾、民部(鈴鹿定繼)請取之、

大佛町ヨリ百疋、忠右衛門尉貳十疋、・同弟貳十疋、持來、祝義下酒、吉田之川原帯ヲフト上之、五十疋遣之、下酒、左京助(鈴鹿和房)來、令對面一盞、萩原義粗子細申訖、宗橘來、及暮申置罷歸也、

桂川に於て鵜飼を申付く

二日、辛亥、　至カツラ川ウ飼申付、源介・人足一人、遣之、

及暮鮎七十計、・雑魚持來、明日モ可罷出之由申付也、

三日、壬子、　天晴、如昨日遣ウ飼、

聖護院興意法親王關東より上洛す

聖護院殿(興意法親王)自關東御上洛、爲御迎權少副(吉田兼之)・神龍院(梵舜)被罷出也、

兼從の儀に就き兼治室來る

(40オ)
四日、癸丑、　左兵衛内義わかかミ入來、萩原義也、夕飡已後」上屋敷萩原内義(兼從室)罷出也、

至吉田皈宅之處、難去依抑留、今夜滯留也、

高臺院より奉納せらる裝束の蟲干
伏見城番として伊達政宗等上洛の風聞あり
禁裏女房衆の儀に就き大澤基宿上洛す
兼見室因幡藥師に詣づ
父兼右月忌
豐國社旬神事不參
阿野實顯來談す

五日、甲寅、　仙重來、下手衆圍碁、巳後皈京、先日馬之義借遣、其礼也、
六日、乙卯、　神官一兩人來、圍碁、
七日、丙辰、　天晴、自政所様(秀吉室、高臺院、杉原氏、寧子)御奉納之御裝束以下風ハム、於神宮寺祢宜共罷出取出之、
萩原女房館爲見物、金丸母爲誘引同道、
自東國爲伏見御城御番、多人數罷上(〆出)云々、伊達(政宗)・野上(最上義光)其外罷上之由風聞、
(40ウ)
禁裏女中衆之儀、自駿州大澤(基宿)拾遺上洛、於板倉」伊州(勝重)亭談合子細在之云々、
八日、丁巳、　因幡藥師青女(兼見室、佐竹氏)詣、香水持來、蓼倉藥師宗齋詣、香水持來、各頂戴之、
九日、戊午、
十日、己未、　唯神院(吉田兼右)殿月忌、精進、拜念了、
十一日、庚申、　旬神事、祝・祢宜參勤、予未平癒故不參、
碁打四五人令兼約來、終日興行、神官五六人罷出也、
十二日、辛酉、
十三日、壬戌、　阿野少將(實顯)入來、暫相談、羞夕飡、歸京、」
(41オ)
十四日、癸亥、　大工助右衛門尉遣吉田、ガチ三右衛門尉釘五ツヽミ出來、遣鐵申付之也、

吉田へ二ツヽミ持遣之、
四郎右衛門尉、牢人衆也、爲見舞來、對面、暫相談、ウドン進之、相伴、祝宮内少輔(治重)罷出也、

豐國祭後朝申樂の大夫に就き片桐且元に申入る

今月當社御祭、十八日、後朝之申樂今春〔金〕駿州ニ在之、不罷上、不可有其沙汰之由、片桐市正(且元)屆遣之處、不及是非之由返事、
十五日、甲子、天晴、明日八条宮(智仁親王)様可有御參社之由、彈正大弼折帋到來、意得存之由御返事申訖、」

智仁親王豐國社社參

所労により兼見竝に兼從不參

(41ウ)
十六日、乙丑、巳刻八条殿(智仁親王)御參社也、先予宅へ御成、次被改御裝束御社參、神前之義如例年、但予・兼從不參、依所労也、備神膳、神供料御下行也、奉幣萩原弟幸鶴丸(ノチノ兼英)勤之、神供已後私宅還御、次御盃・御膳、御祝義申入了、神龍院罷出、仕合申付了、御供之衆五十人計、御初尾御馬・御太刀拜領、神樂錢、十二貫、神供方へ八木三石、毎年如此也、

幕府より伊勢神宮正遷宮神寶の儀を申付らる

伊勢正迁宮神寶之儀、神祇官神地已下退轉ニ付而、於吉田齋場所可有儀式之由、内々自武家被仰付也、今日諸役罷出、於齋場神宮之傳奏(大炊御門經頼)已下被相談、兼治モ不罷出、神龍院罷出、大炊御門(經頼)様躰申承之由、及暮罷歸具申訖、進一獻之由云、神龍院調之也、自吉田青

高臺院豐國社社參

豐國祭
秀頼名代として淺野長晟豐國社に社參す

上卿正親町季秀社參

豐國祭後朝申樂

備後伊吹八郎衞門尉より祈念を依頼さる

女來、

(42オ)十七日、丙寅、　天晴、　高臺院樣御社參、御初尾銀子、五枚、御供之衆散錢、八貫文、御盃・「

御肴、折ニ五色調之、行器壹荷、・强ス丶、一双、

湯立、二釜、　千座祓、　如例年神事、

大坂ヘ取遣魚類、未刻罷上、エソ卅、・鯛三、・エイ一、・貝鮑、五ツ、不塩、當社御祭客來之用意也、

十八日、丁卯、　天晴、　自大坂御名代淺野但馬守(長晟)辰刻參向、御初尾如例年、右府(秀頼)ヨリ青銅、万疋、

御袋(淺井長政女、茶々)ヨリ金子、壹枚、二位(兼見)・兼治・兼從各銀子、五枚充、　次奉幣、　萩原弟幸靏丸勤之、祝兼從

勤之、予不參、　次退出、一獻雖令用意、卽退出之間、不及抑留也、

(42ウ)午刻　上卿參向、正親町黄門(季秀)御太刀折紙、五百疋、奉幣」幸靏丸勤之、祝兼之(吉田)勤之、次退出、

次伶人舞樂、　萩原母(兼治室、長岡幽齋女、伊彌)入來、子共各自昨日來、

政所さま御初尾、五枚、今日之御初尾、金子一枚、・銀、五兩、青女方ヘ預遣之、

十九日、戊辰、　天晴、　兩大夫今春〔金〕・金剛、・幸靏丸○水干、祝・祢宜各罷出、能、八番、

備後ヨリ伊吹八郎右衞門尉例年祈念之義、使僧罷上、四十三人之祈念也、梨子一籠、・生

酒一桶、・スルメ到來、

廿日、己巳、　於左兵衞佐屋敷萩原兼從興行夕飡、青女・左兵衞佐・同女房衆・萩原內儀・各子たち數人、上下百五十人モ可在之歟、予行歩依不合期、不罷向、膳持來、丁寧也、

兼治第に於て兼從夕餐を振舞ふ

伊吹方ヨリ刀、本阿弥(光悦)ニ見之、子細承度之由申、使僧ニ使者相添罷上、」

八郎右衞門尉刀を本阿彌光悦に見せん事を望む

(43オ)廿一日、庚午、　雨下、　晴間左兵女房衆至吉田歸宅、

長橋殿(持明院基孝女、基子)被仰下云、　梶井殿(入道最胤親王)御弟子御所(入道承快親王)薨去也、就其兄弟・甥《ヲイ》輕服之儀、被尋下了、兄弟九十日、此內荒忌廿日、・甥《ヲ》七日三日、之由申入了、

入道承快親王薨ず服喪に就き勅問あり

廿二日、辛未、　長橋殿昨日被仰下義、重而御尋之条、文之返事ニハ難申之間、神龍院吉田ヘ早〻可來之由申遣、長橋殿御使御理申、覺返也、　及暮神龍院來、即以書立申含、罷出了、及深更罷歸、明朝仰樣可申之由申、當院ヘ罷歸了、

梵舜をして返事せしむ

兩條以舊記令書寫、神龍院令持參、

親王傍親輕服之義、子細無之云〻、除服之義計也、是ハ二親之義歟、

僧家輕服兩樣之次第、被成御意得之由仰也、」

(43ウ)廿三日、壬申、　吉田末社木瓜明神祭礼也、予脚氣未平癒、不歸宅、

木瓜大明神祭禮

奥平家昌より蠟燭を贈らる

奥平光祿（家昌）爲御音信書札、蠟燭百丁、給之、今朝御返事・綾二面、進之、使者在京也、持遣之、
神龍院同前、
當社十八日之御初尾、大坂其外万疋余下之、入私宅、
吉田愚宅爲客人肴已下相調之持遣之、　金丸罷向也、
萩原罷越之由申也、

木瓜大明神神輿還幸

廿四日、癸酉、　雨降、祭礼今日還幸、
青女方ヨリ祭礼祝義、赤飯一樽、持來、

北野社代官詣

廿五日、甲戌、　聖苗（廟）へ代官詣、巻誦（數）頂戴之、（○行間補書）「金丸吉田ヨリ建仁寺歸院、遣迎也、」
備後國井吹八郎右衞門尉方へ御祓等相調之、　」

八郎右衞門尉に祓等を遣す

（44オ）
廿六日、乙亥、　天晴、井吹八郎右衞門尉使僧・同腰刀之使者、今朝下國、御祓、四十三人、
此内十五ハ天度、殘者榊ニ付四手、使者ニ百疋遣之、八郎右衞門尉方爲弟之由聞云、帖之
面百枚、・銕《クロカネ》等所望之由相談、可馳走之由申之条、銀子百五十目渡遣之、二色ノ代也、左
京助取次之、使僧貳十疋遣之、毎度此分也、　彼方ヨリ音信、名酒小樽一、・梨子一籠、・鯣《スルメ》、
一連、具令返事畢、

兼從窮乏に依り銀子等を遣す

今度萩原不弁之由訴詔、實母(兼治室、長岡幽齋女、伊彌)種〻入魂之子細也、青銅万疋、・銀子、五十枚、此条先年子細アリ、不相届存分也、乍去外聞、又以憐愍許容了、今日壹貫目相渡豊後守、青銅、万疋、五三日已前神前之御初尾、以神龍院相渡之、是も豊後請取之由申了、銀子殘壹貫百五十目也、來年七月已前可渡遣之由申也、然共年内令調法、可相渡所存也、」

廿七日、丙子、

(44ウ)

茗荷の鮓を誂ふ

召寄宗利、ミヤウガノ鮓申付之、

廿八日、丁丑、

新上東門院に吉田山の茸を獻ず

廿九日、戊刁、　當山之いくち一折、女院(新上東門院、勧修寺晴右女、晴子)さまへ進上之、少納言殿文折紙にて申入也、御奉書(〆返事)返事也、」

(45オ)

九月大

豊國社神事
兼見竝に兼從不參
兼從指南を拒む

一日、己卯、　當社神事、祝・祢宜參勤、予脚氣未平癒、兼從(萩原)不參、　近日不參勤、脂(指)南善惡共以不承引、不及了簡、

足痛に依り二月以來豐國社にあり

吉田社齋場所に於て伊勢奉幣使發遣の儀あり

上卿西園寺實益

藤波種忠の作法等を難ず

（約五行空白）」

（45ウ）

（〇半丁白紙）」

（46オ）

十四日、壬辰、

大炊御門實益卿經頼卿神宮傳奏也、ヨリ申來云、明後日十六日、於齋場今度伊勢正迁宮之神寶可有佐（作）法、可相意得之由云、　心得存之由答、

十五日、癸巳、天晴、諸役人齋服ニ來而、假屋幄已下相調之云々、予脚氣未平癒、豐國ニ二月以來在之、子細神龍院（梵舜）ニ申含也、及暮出來之由、神龍院來而云、

十六日、甲午、午下刻　上卿・諸役人至齋場參向、上卿西園寺實益卿、弁（清閑）西岸寺（共房）、中御門（資胤）息也、諸役人罷出也、宮主豐國祝治部大輔（林重邦）、雜色・青侍已下召具出仕、於其期御幣請取之、退出、次祭主（藤波種忠）罷出、　宣命請取、次第不辨之歟、無其役、主裝束六位之袍也、沙汰之限之」

（46ウ）

仕合也、

次如右外宮之儀式、　上卿中御門宣光（資胤）・（×光）、弁已下同前、

（約一行空白）

未刻遂其節、各歸京、

發遣料を請取る

十七日、乙未、　明日宮主伊勢發遣料銀子、六百目、遣豐後守(鈴鹿勝正)請取之、直左兵佐方(兼治)へ相渡之、自神宮傳奏大炊(經頼)御門被渡之、殘頓而可相渡之也、

奉幣使吉田兼之伊勢に出立す

十八日、丙申、　權少副兼之(吉田)伊勢發遣、今度諸役人荷輿・乘馬也、先例宮主雖爲乘馬、今般荷輿申付了、青侍彦三・甚三郎・惣二郎、・雜色孫左衛門尉、・豐國黃衣五人、・祢宜右京助(鈴鹿)、爲衣紋罷下也、人足六人、・牛馬、五疋、今度惣次出之間、傳奏大〔炊脱〕御門ニ申理、出之、御幣長櫃持之、每度持之、爲路次中太廂入之、」

(47オ)廿日、戊戌、　下着定宿、北市兵衛尉至路次大勢罷出之由申了、內宮へ令供奉、大勢歷々之仕合之由申了、

(約一行空白)

伊勢神宮正遷宮あり祭主種忠神體に供奉す神體供奉の先例なし

廿一日、己亥、　今夜亥刻迁宮、祭主神體供奉也、先例無其沙汰、每度四性〔姓〕石坪ニ列立之由舊記也、祭主・宮主・齋部・使王、石坪ニ着座之由申訖、今度諸役人每事不勘之由申了、

翌朝廿二日ニ外宮前宿へ罷歸之由申了、

(約一行空白)

正遷宮一社奉幣

廿五日、癸卯、　今夜一社奉幣、議式急度不及案內之条、不慥、聞合內、相濟之由申之条、

(47ウ)

宮主不罷出之由申畢、」外宮一社奉幣廿二日、此義一切不知之、兩儀不相居之由申訖、罷出、此義ニ付而、祭主・伊勢神官取沙汰之由、傳奏(大炊御門經頼)ヨリ內ゝ知來之間、神龍院・宮主傳奏ヘ罷出、条ゝ子細申理了、大炊御門尤承伏也、

(約二行空白)

兼見室多賀社に詣づ

廿七日、乙巳、青女(兼見室、佐竹氏)依立願、多賀詣了、荷輿・馬已下申付了、

(約一行空白)

兼見室多賀社より歸る

廿九日、丁未、青女多賀罷上、夜半時分也、

兼之伊勢より歸る

卅日、戊申、權少副兼之伊勢ヨリ罷上、」

(48オ)

遷宮滯留中之仕合具申訖、

(約二行空白)

九月

吉田に歸る
吉田の屋敷破損に依り普請を申付く

廿三日、辛巳〔丑〕、吉田罷越、屋敷破損無正躰、近ゝ普普請作事可申付用意、材木相調之、」

(48ウ)

十月大

豐國社神事

一日、己酉、豐國社神事、兼從(萩原)參勤、

去月以來至今日普請作事申付了、

(約三行空白)

吉田の屋敷普請成る

十三日、辛卯〔酉〕、作事大方出來、屋敷廻垣・堀、知行之人足召寄、埋土已下屈〔掘〕上之、」

豐國社に赴く

(49オ)十六日、甲子、豐國へ罷越了、先年所勞以來乘輿且以不成、今度氣合能、令乘輿了、

(約二行空白)

大津に於て一社奉幣の訪を請取る

廿一日、己巳、一社奉幣御訪、於大津(近江滋賀郡)請取、五百目余、豐後守(鈴鹿勝正)罷越也、大炊(經賴)御門内眞繼《マツキ》相渡之由申訖、

(約三行空白)

(49ウ)廿六日、甲戌、青女(兼見室、佐竹氏)召寄、入來、」

(約二行空白)

口切茶會

廿八日、丙子、切壺之口、青女・左兵衞佐(兼治室、長岡幽齋女、伊彌)内義・御局入來、

兼従室口切茶会
神龍院の朝餐に招かる

廿九日、丁丑、萩原内義（兼従室）被切茶ノ口、昨日之衆各罷向了、丁寧之興行也、

卅日、戊刁、神龍院（梵舜）神宮寺ヘ昨日之衆爲朝飡罷向、左兵（兼治）・萩原（兼従）同前、」

十一月小

（50オ）

豊國社神事

一日、己卯、天晴、豊國社神事、兼従（萩原）参勤、祝・祢宜各罷出了、青女（兼見室、佐竹氏）吉田ヘ歸宅、

（約二行空白）

兼見室並に兼治本居高野天王社御火燒

五日、癸未、高野（山城愛宕郡）天王御火燒、例年於家中祝義、青女・兼治本居也、一重餅・双瓶持來、」

（約一行空白）

（50ウ）

西天王社御火燒
兼見第に於て祝儀あり

八日、丙戌、西天王御火燒、爲例祝、至吉田歸宅、

入夜兼治・兼従・孫子各罷出、於予方令祝義了、

（約二行空白）

豊國社旬神事

十一日、己丑、旬神事、兼従参、昨夕至豊國罷歸了、

片桐且元腫物を患ふ

十二日、庚刁、盛法印（吉田浄慶）書状到來云、片桐市正（且元）出腫物相煩也、早々見舞可然之由申來、且

以不知之、承悅之至返事、

梵舜且元見舞の爲大坂に赴く

十三日、辛卯、神龍院(梵舜)大坂へ市正(片桐且元)爲見廻下向、今夜乗舟之由被申、午刻發足、」御祓・御表・生鮭一、遣之、不及(〆及)書狀、神龍院令口上了、

且元の腫物は癰なり

(51オ)十四日、壬辰、大坂ヨリ神龍院上洛、片市正(片桐且元)腫物ヨウ、也、方〻見舞、大坂衆明日被罷出、執心之由被申也、

御祓一折、祝着之由返事、誰〻ニも無對面、神龍院奥間へ罷、見參之由被申也、

(約一行空白)

十六日、甲午、至豐國罷越、高野ヨリ金丸(ノチノ兼庵)母罷出了、

(約一行空白)」

豐國社緣日

福島正則社參

(51ウ)十八日、丙申、豐國社御緣日、神事也、兼從參勤、

福嶋大夫(正則)社參、神事之砌也、機嫌仕合也、御初尾五百疋、・神樂錢十二貫、後刻予方之納之、晩神事、祝・祢宜勤之、右之外御初尾無之、

奥平家昌より明年祈念の事を依賴さる

十九日、丁酉、奥平光祿(家昌)書狀到來、明年中祈念之義也、小判廿兩、到來、「(〇行間補書)備後井吹八郎右衛門尉書狀到來、去春申下疊之面百帖・銕十三貫目上來、井八郎右衛門尉(伊吹八郎右衛門尉)舍弟去春上洛之

時、相談之處、今度一段入精到來也、」

豐國社旬神事兼從不參家昌に祓等を遣す

廿日、戊戌、奥平(家昌)返狀・歳暮祓相調之、

廿一日、己亥、旬神事也、兼從不參、奥平返狀筆者仰豐壽、祢宜和泉子也、・御祓、神龍院ヨリ、御使在京之宿ヘ持遣之、慥請取之由返事、

伏見より割木を取寄す

伏見ヘワリ木取遣之、百疋ニ五百卅、去夏五百五十束也、」

伊吹八郎右衛門尉より疊表を贈らる

(52オ)井吹八郎右衛門尉方返事相調之、差下使者、疊之面大坂ヨリ夜着、路錢三十疋半也、相渡使者、又使者貳十疋遣之、

井八(伊吹八郎右衛門尉)ヘ一卷リンツ(綸子)、遣之、毎度無心得芳志也、

福壽院兒才靏丸來廿四日得度也、今日登山也、爲暇乞入來、卒度一盞、令祝義了、

三體詩講談

廿二日、庚子、金丸照高院殿(興意法親王)此間三體詩講談、建仁寺古澗(慈稽)講之、常光院(三江紹益)金丸召具、照高院殿爲御礼杉原十帖・扇持參、講已後被下御盃之由申來也、

上屋敷ニ置之塩桶、二ツ、當屋敷ヘ取寄之、吉田ヘ壹石遣之、今日人足指合、明日可遣之由申付了、」

兼從の請に依り諸神根源抄を書寫せしむ

(52ウ)廿三日、辛丑、天晴、諸神根源抄仰豐壽書寫之、兼從依所望也、廿一日ヨリ書初之、

諸方に大根を進む
福壽院才鶴丸得度

廿四日、辛(壬)刁、吉田ニ申付大根、以奉行左京助(鈴鹿和房)ヒカセ、如例年方〻進之、今日福壽院兒得度云〻、

禁裏に大根を獻ず

廿六日、甲辰、大根以豐後守(鈴鹿勝正)内裏方持進之、

板倉勝重に制札の儀を申入る

廿七日、乙巳、板倉伊州(勝重)金丸爲礼相添神龍院罷出、三卷リンス、遣之、今度當山制札調給之、此一義也、入目以御倉相調了、

廿八日、○丙午、（○愛宕下坊兒(才鶴丸)得度爲祝義、一樽・マン中百五十、・昆布三束、・薯蕷五束、・柳、二荷、豐後守令登山了、）苅分大根、遣左京助沙汰之、今日中不相濟也、

高臺院に大根を獻ず

(秀吉室、杉原氏、寧子)高臺院様大根進之、祢宜伊与致持參了、

長岡幽齋室に大根を進む

廿九日、丁未、幽齋內義(長岡幽齋室、沼田光兼女、麝香)大根貳荷遣之、巫小さ(い脫)將持遣之、」

(53オ)

十二月大

豐國社神事

一日、戊申、天晴、豐國社神事、萩原兼從參勤之、
(○行間補書)「萩原吉田へ罷了、」(兼從)

二日、己酉、天晴、青女(兼見室、佐竹氏)出京、衣類見之由申訖、

月神を拜す

三日、庚戌(×酉)、　及夕月神拜之、

月神を拜す

四日、辛亥、　月神拜之、

長岡幽齋室に神供を進む

五日、壬子、　天晴、上屋敷見舞了、後刻金丸(ノチノ兼庵)母上屋敷ヘ罷出也、當社神供幽齋內義(長岡幽齋室、沼田光兼女、)ヘ以巫(麝香)小さい將持遣之、

興意法親王より菓子を賜る

自照高院殿(興意法親王)菓子一折、大折也、五種、マン中・榓柑・豆腐・フ・牛房、　餝作花也、

六日、癸丑、　雨下、」

興意より賜る折を板倉勝重に進む

(53ウ)

七日、甲寅、天晴、　先日照高院被下之折、板倉伊州(勝重)此間八瀨釜湯ニ在之、爲見舞右之一折、以祢宜掃部丞持遣之、後刻罷歸、伊州(板倉勝重)對面、使者返事懇言(×趣)也、左京助(鈴鹿和房)銕炭取遣之、在明日客來之義、魚類之義申付之、孫女ミつ方ヘ遣神供、靑銅百疋、遣之、吉田ヘ小性チク、遣之、今月伊州ヘ音信、小袖之義也、

八日、乙卯、

九日、丙辰、

父兼右月忌

十日、丁巳、　唯神院殿(吉田兼右)月忌、精進、　入夜萩原自吉田罷歸、水無瀨入道一齋(親具)來、ラツ躅〔燭〕十丁持來、羞小漬、」

豊國社旬神事
吉田より大根を取寄す
吉田浄慶來る
正月の用に伏見に於て魚を調ふ
三江紹益並に金丸來る
金丸初て連句執筆を務む
煤拂
給分下行の爲米を藏より出す
片桐且元より病平癒祈念の禮を贈らる

(54オ)
十一日、戊午、　旬神事、兼從參勤之、神供幽齋內儀以巫小さい將持遣之、內〻依所望也、
吉田大根苅分、遣左京助取寄之、此方へ五十束、吉田へ卅六束遣之由申也、　盛方院（吉田浄慶）來、
昨日十日、照高院殿被下御茶、爲礼令祇候、其次入來之由申也、　手爪取之、
十二日、己未、　小さい將殿入來、今高臺院樣（秀吉室、杉原氏、寧子）祇候也、羞小漬、御局相伴、暫相談了、
大根上屋敷女中衆へ遣之、上﨟御よね、別ニ遣之、
十三日、庚申、　正月之祝義、魚類伏見へ取遣之、弥介・左京助靑銅貳貫五百、小鯛四百、・イワシ三千、・鰤五ツ、調之來、
十四日、辛酉、　建仁寺常光院（三江紹益）入來、金丸同道、今度金丸初而聯句執筆仕也、懷紙持來、
(54ウ)
一樽柳、一、金母方へ串柹一折、羞小漬、相伴、八人、碁盤屋小左衞門尉、榁柑一折、持來、座敷へ召出也、　茶已後歸院、
十五日、壬戌、　天晴、金丸母高野（山城愛宕郡）へ罷越、今日例年屋敷之煤掃也、爲申付也、供者共申付、遣也、
各給分之儀申付之、八木自土藏取出之、左京助奉行、
片桐市正（且元）使者・書狀到來云、今度腫物ヨウ、爲神龍院爲見舞兩度下向、於　當社祈念、

御祓遣之、爲礼唯今使者・一樽、名酒、二ツ、諸白殊入念柳樺也、鴈二、・書狀返事、使者盞一
了、神龍院ヘ同前音信之由申了、

被官等に給分を下す

給分各下行之、已上百石余、下行之人數也、
金丸母、申刻高野ヨリ皈宅、」

(55オ)

十六日、癸亥、曇時〻霰、幽齋内義ヘ金母方より鴈一、持遣之、巫小さい將使也、返事在
之、

水無瀬一齋に物を贈る

淨慶灸所より出血せるを見舞ふ

水無瀬入道一齋ヘ小袖一、遣之、明日駿州ヘ下國、毎度入魂也、仍如此、
盛方院灸所ヨリ出血、一兩日已前于今細〻出之由、權少副(吉田兼之)罷歸申之条、爲見舞祢宜駿河
遣了、
給分至今日下行、未相濟、吉田女者共已下下行之也、

兼治來る

十七日、甲子、左兵衞佐(兼治)來、於上屋敷客來之由申訖、」

(55ウ)

高臺院より酒肴を賜る

及暮自　高臺院樣肴之大臺、盡手間、見事之仕立也、名酒諸白二、・御使・御書、御使ヘ盞一
盞、御返事申入了、

高臺院豐國社社參

十八日、乙丑、天晴、巳刻高臺院樣御社參、强飯ホツカイ壹荷、・御肴折五種、・双瓶進上之、神

前へ銀子、三枚、御供之女中御初尾三貫六百、　萩原罷出、御礼申入了、神事已後也、異躰罷出之由申畢、

新上東門院に酒肴を獻ず

昨夜臺物・樽、二、ミソレ、女院様(新上東門院、勧修寺晴右女、晴子)へ進上之、少納言殿へ文ニテ申入了、使豊後守(鈴鹿勝正)持參之、

孫女竝に兼治に米を與ふ

孫女八木五石所望之間、知行ヨリ直遣之、左兵(兼治)來、八木三石所望、遣之、

兼從長岡幽齋を音問す

十九日、丙寅、　雨時々下、　萩原兼從幽齋(玄旨、長岡藤孝)へ今度爲見舞罷出、幽齋鴈市正殿(片桐且元)ヨリ到來也、遣之、内義(長岡幽齋室、沼田光兼女、麝香)一折、後刻機嫌ヿ仕合之由申訖、　萩原内義(兼從室)へ歳暮礼ニ罷向、金丸母同前罷出、金母小袖、御内義御着用也、金丸ニかゝソメ小袖被下之、紋アリ、

(56オ)

・給分下行大方相濟、　萩原御乳八木一石、・餅米五斗、遣之、

吉田に道具を遣す

廿日、丁卯、　天晴、　明日吉田罷越、毎度持行道具遣之、　吉田ヨリ人足四人來、　三五郎大根壹荷(メツ)、・持來、八木貳斗、遣之、

東方土藏御局借進之、長櫃已下可被入之由、切々承了、

明日廿一日、上屋敷御内義板物二端、紅梅・モヽ色、・綿一屯、進之、今日吉田ヨリ持來、明日可進之義也、

板倉勝重に歳暮を賀す
吉田に歸る

廿一日、戊辰、　板倉伊州歳暮之礼、以神龍院(梵舜)申了、百疋如毎度、取次其外之衆へ礼義無之、如毎年、　天晴、吉田へ歸宅、金丸母高野へ罷歸、如例年、先爲歳暮礼吉田へ入來、

持病を發す

鮭一、持參、若上（兼治室、長岡幽齋女、伊彌）へ罷出、鮭一、持參之、於予方給夕飯、自是高野へ罷歸了、持病發、」

持病快癒せず
辻近弘父子來禮す

（56ウ）廿二日、庚午（己巳）、持病未サメス、樂人將監（辻近弘・同近元）親子、來、近日令元服、南都神事致出仕之由申了、葛袋一折、將監油煙二挺、持來、

煤拂

廿三日、庚午、如例年煤拂申付之、每度南在所罷出、當年三人罷出也、惣別南北之普請之時、不過十人、色ヲカヘ樣ヲカヘ、方〻へ普請之儀、半日不得隙、耕作已下且以不罷出之由、令迷惑云〻、

持病治む
兼治室を訪ふ

廿四日、辛未、持病平散、得快氣、左兵衛内義（兼治室、長岡幽齋女、伊彌）爲見舞罷向、面へ客來歟、相尋問之處、土御門左馬助（久脩カ）來、罷出、相談了、自是北在所南歩行了、大文字屋後室昨夜ヨリ來、先年方〻音信之物取之、其代之義也、月迫難調、理ヲ云、歸京、

明日政所樣（秀吉室、高臺院、杉原氏、寧子）歳暮申入、進物相調之、

北野社代官詣

廿五日、壬申、天晴、北野へ神人肥前代官詣了、罷歸、札頂戴之、

高臺院に歳暮を賀す

高臺院樣歳暮、以民部少輔（鈴鹿定繼）申入了、」

（57オ）

一、高臺院樣　綾三面、

一、カウ藏主（川副勝重女）　綾一面、

一、御きやく人　紅帯二筋、

一、御こちや　紅帯二筋、

今度令失念、京都ヨリ民部（鈴鹿定継）申來之条、調之遣也、

餅搗

佳例餅ツキ〇雖爲廿六日、左兵衛指合之条、予方ハ今日申付之、近年此分也、

大工伊与　ツルヘ一、・キリハン一、

傳次　ツルヘ一、・ハシ木

二郎四郎　ツルヘ一双

後刻民部罷歸、高臺院様直書之御返事、から藏主返事、」

且元に歳暮を賀す

(57ウ)廿六日、癸酉、天晴、片桐市正歳暮礼、大坂ヘ差下豐後守、小袖一、遣之、今日罷歸、返事到來、

兼治第餅搗

左兵衛方佳例餅ツキ、

廿七日、甲戌、

豐國社に赴く

廿八日、乙亥、　豐國罷越也、

年頭祝義之義申付之、下行等大方相濟了、

高野ヨリ女共兩三人來、金丸母爲見舞申付、來也、

兼見室豊國社に來る
兼治兼見室に扶助を申入る
吉田長右衞門尉より祈念を依頼さる
長右衞門尉は備後伊吹八郎右衞門尉の舍弟

廿九日、丙子、　昨日來女共三人、高野へ罷歸、
吉田ヨリ靑女來、如例年、
卅日、丁丑、　今朝少雪下、左兵衞靑女方へ、不弁之間、靑銅參百疋難去所望、彼是千萬
雖〔難〕調、持遣之、」

(58オ)

備後(伊吹)八郎右衞門尉舍弟也、〔吉田長右衞門尉〕藝州ニ在國歟、例年祈念之義申來、御初尾貳十疋到來、御
祓・五明二本、・書狀之令返事了、御祓天度也、
魚屋右衞門尉、肴鯛一・鯉少魚二・小鴨二、持來、朝飡、下酒、
皆領滿足、
十二月晦日　　二位(吉田兼見)(花押)」

(58ウ)

(〇半丁白紙)」

〔豊國神社所蔵〕

慶長十五年

兼見本年七十六歳、従二位、神祇大副、左衛門督、男兼治四十六歳、従四位下、神祇少副、左兵衛佐、孫兼従二十五歳、従五位下、

（原表紙）

金神　辰巳
慶長十五年庚戌　雑記
大将軍　南

（原寸、縦二八・六糎、横二一・六糎）

（1オ）
（〇正月三日ノ記事ナラン）
三日、庚辰、天晴、神事同前、兼従（萩原）参勤、

（1ウ）
（〇半丁空白）

日神を拜す
諸社祈念
歩行難儀に依り豐國社神事不參

高臺院豐國社社參

大坂の秀頼等に年頭を賀す

豐國社神事

慶長十五年

正月大

（2オ）

一日、戊寅、　天晴、早旦行水、若水、入塩、東、　先日神祈念、次諸社拜念、當社豐國社、萩原兼從參勤、祝九人、・祢宜廿人、・下神人以下不殘供奉、神前儀式如例年、予舊年以來行歩不平、不參、　家中祝義如例、　青女（兼見室、佐竹氏）吉田ヨリ舊冬廿九日來、　礼義同前、早天高臺院樣（秀吉室、杉原氏、寧子）御社參也、　御肴同四方ニ、ヒシ花ヒラ、　又四方ニ、ノシカチ栗、　双瓶獻之、　神前へ御初尾銀子、五枚、　二位（兼見）御小袖二重、・銀子、三枚、　兼治御小袖二重、・銀子、三枚、　兼從御小袖二重、・銀、三枚、　各拜受之、　祝十人、染小袖之面裏綿、不縫之、　各同前被下之、」

（2ウ）

廿人之祢宜、　其外神官共、　八木卅石被下之、　次還御、　家中三度之祝義同前、
（〇行間補書）「大坂へ民部少輔（鈴鹿定繼）罷下、　右府（秀頼）へ二面、綾、クチハ、　御袋（淺井長政女、茶々）へ二面、綾、紅梅、　姫君樣（秀頼室、徳川秀忠女、千）へ二面、綾、紅梅、　大藏卿（大野定長室）殿へ一面、綾、　二位（渡邊重女）、紅帯二筋、　三位殿へ、紅帯二筋、　姫君御局へ、紅帯二筋、　御こちやへ青銅百疋、」
二日、己卯、　天晴、　神事如昨日、　兼從參勤、

家中祝儀

家中祝義、同、

豐國社神官等來禮す

神官各礼義、兼從・予對面、祝、五十疋充、祢宜、三十疋充、其外下神人已下貳十疋充也、如例各兼從下盃、　已上十八貫九百、千疋兼從遣之、八貫九百予納之、當年初而如此、

鏡餅の祝

次鏡餅祝義、　金丸母（ノチノ兼庵）高野（山城愛宕郡）ヨリ召寄、青女へ杉原十帖・白粉、十箱、青女召遣女共ニ百疋、晩之祝義ニ金母罷出、致相伴也、」

豐國社神事

（3オ）三日、庚辰、　社頭神事、同、

家中祝儀

家中祝義、　次萩原方へ爲礼罷向、青女・金丸母同前、

萩原內義（兼從室）へ百疋、御局へ百疋、御よね、五十疋、祝義在一盞之義、

月神を拜す

及夕月神拜念、淸月也（〆也）、

（〇行間補書）「金母杉原十帖・白粉、十箱、御局へ五十疋、御よねへ三十疋、萩原へ金丸、五十疋・ハマクリ、一折、御上へ獻之、」

秀頼名代として片桐且元豐國社に社參す

四日、辛巳、　自（〆片）大坂御名代片桐市正（且元）社參、予・萩原急社頭へ罷出了、マン中入食籠、・肴臺物五種、調之、先神前へ御初尾、万疋、右府御奉獻、金子、一枚、御袋ヨリ御奉進之、次市正（片桐且元）、

興意法親王より酒肴を贈る
兼従夫妻高臺院に参る
兼従室柄輿調へ難きに依り釣輿を用ゆ
兼従沈醉し歸る
三百疋、清錢、次奉幣、萩原勤之、次祝戸、兼之(吉田)勤之、次市正着本座、予ニ御小袖、一重、萩原一重、
頂戴之、次左兵衛(兼治)、一重、次神官各ヘ万疋、次巫八人、杉原十帖・銀、一枚充、八人罷出、頂戴
之、次一獻、依爲御名代市正初之、度々雖爲斟酌、予取酌而獻之、」次退出、（3ウ）
大坂ヨリ民部(鈴鹿定繼)罷上、大くら卿殿(大野定長室)ヨリ文之返事、二位・三位殿ヨリ百疋充、姫君樣御返事在之、
自照高院殿(興意法親王)御樽・三色、豆腐一折・昆布五束・牛房十巴〔把〕・三荷、荷桶也、清右衛門尉(宗友)入道御使也、五明、五明、自分也、右之御
棰、妙法院殿(常胤法親王)へ以祝宮内少輔(治重)持進上之、
五日、壬午、高臺院樣、萩原・同内義御里歸也、今度大坂ヨリ万疋進之、御樽五荷五種、
是モ大坂ヨリ社頭ヘ御棰也、昨日右之條不相調之由、萩原訴詔之間、金子壹枚、遣之、萩原御内義輿也、非柄輿、此義如何之由雖申、俄難調、ツリ輿也、供奉之事、祝宮内大輔(林重邦)・
民部・豊後守(鈴鹿勝正)、青侍廿人計、藏人助向夕食、青女・金丸・同母、
申刻萩原罷歸、以外沈醉、仕合能、珍重也、銀子五十枚、・屛風二双、・段子(緞)二巻、給之由申
訖、供奉者共代物之由申訖、慥不知之、
入夜御内義御歸、予ニ二面、綾、同色ノ綾、青女綾織筋、二面、金丸母一面、綾、」御樽一荷、・行器（4オ）
一荷、・餅・鰤、一、召遣女共ニ帯、一筋充、吉田之女共・金母女共、同前也、

秀吉側室京極氏に神供等を進む

六日、癸未、松丸様〔京極高吉女、龍子〕へ御神供・御祓・杉原十帖・綾一面進上之、御取次御いまへ□〔紅〕帯、二筋、文ニテ申入畢、使雅樂頭、後刻罷歸、御返事、銀子、二枚、御いまヨリ杉原十帖・扇、五本、使へ百疋、神供持ニ百疋被下之也、

豐國社神事味噌水の祝

新上東門院に酒肴を獻ず

七日、甲申、天晴、當社神事如常、早〻増水〔雑炊〕、女院様〔新上東門院、勧修寺晴右女、晴子〕へ御樽進上之、三色鯛廿・スルメ廿れん・昆布五束、・樽、三荷、角樽、態相調之、以豊後守申入、少納言殿へ文ニテ申入了、

近衛龍山に酒肴を獻ず

龍山〔近衛前久〕へ御樽進上之、三色鯛十枚・スルメ十五連・昆布五束、・三荷、荷桶、以祢宜駿河守申入了、御出、東御門外ニテ申入之由申訖、」

兼見室因幡堂藥師に詣づ

（4ウ）八日、乙酉、青女因幡堂藥師へ詣、直吉田へ歸宅、

照高院進上御樽・三色マン中百五十・串柹五巴〔把〕・昆布五束、・樽、柳二荷、

常胤法親王より酒肴を賜る

九日、丙戌、妙法院殿ヨリ御樽給之、三色コンニヤク・串柹三巴〔把〕・昆布五束、・樽三荷、荷桶、右之御樽、遣建仁寺常光院〔三江紹益〕、金丸令持參畢、

父兼右正忌

十日、丁亥、唯神院殿〔吉田兼右〕年忌、於神龍院追善、靈供料下行之、豐國ニ在之、燒香不參、有恐、青女燒香可參之由申遣也、

十一日、戊子、　祝・祢宜・基〔碁〕打衆召寄、折節下京衆二人宗也・宗有、五明二本充、持來、及暮罷歸了、

三江紹益來る

（5オ）建仁寺常光院御礼入來、杉原、十帖、金丸母、菓子一折、金丸、タハコツヽミ、宗印」扇、二本、獻一盞、已後歸院、

孫幸鶴丸豐國社に來る

十二日、己丑、　幸鶴丸（ノチノ兼英）來、貳十疋持來、羞一獻了、

高野在所六左衞門尉、納豆ツト五ツ、弥兵衞尉、黒木廿巴、〔把、下同ジ〕つる、柴六巴、こやゝ、柴六巴、各夕食、六左五十疋、・弥兵衞尉五十疋、・つる三十疋、・こやゝ三十疋、遣之、

節分
吉田社齋場所に於て兼從並に幸鶴丸太祓を勤む

十三日、庚刁、　節分、吉田ヨリ青女入來、　於齋場所太祓如例年勤之、萩原・幸鶴役之云々、内陣行法二座、之由申訖、

吉田に歸り兼治に會す

十四日、辛卯、　青女至吉田歸宅、後刻予吉田へ皈宅、金丸・同母高野へ罷歸也、吉田へ立寄、左兵衞佐一礼、同若上（兼治室、長岡幽齋女、伊彌）へ杉原十帖・白粉、十箱、左兵衞ハマクリ一折、」

左義長

（5ウ）十五日、壬辰、　於吉田祝義、　及暮曝、青女罷出、予不罷出、依持病也、

兼治第に赴く

十六日、癸巳、　左兵衞方へ爲礼罷、青女同前、左兵へ百疋、若上へ百疋、幸鶴ニ杉原、十帖、青女左兵、五十疋、若上へ百疋、宮川殿（武田信高室、長岡幽齋姉）此間入來、相談了、

十七日、甲午、　豊國へ罷越、明日御縁日之義也、金丸母高野ヨリ來、
十八日、乙未、　天晴、予社參、・（〆御）去年以來依脚氣不參、大方平癒、今日參勤、忽神慮之得
加護、忝〻〻、
盛方院（吉田浄慶）來、五十疋、金母、二十疋、吉田へ貳十疋、羞一盞了、」
（6オ）十九日、丙申、　神龍院（吉田兼倶）殿月忌、精進、豊國滯留之內也、燒香不參、有其恐、八幡參詣、
郡（群）集云〻、
廿日、丁酉、　理齋・一藏來、（玄旨、長岡藤孝幽齋者也、）圍碁、祢宜一兩人召寄之、夕食、及暮兩人罷歸、
書院疊面替、大工二人召寄、
廿一日、戊戌、　旬神事、兼從參勤、神供樂人下之、最前百疋持來、相添神供今日遣之、
淺野紀伊守（幸長）社參、御初尾千疋・神樂料、十二貫、退出已後御初尾上之、豊後守持來、及
晩佐竹齋《イッキ》入來、羞夕食、雉二、持來、數个年所勞、大方快氣也、
左兵衛佐明日駿州下國、小袖一、・青銅清錢、貳百疋持遣之、左京助（鈴鹿和房）遣之、」
（6ウ）廿三日、庚子、　薄雪降、　左兵衛佐駿州路錢三貫、重而所望也、淺野紀州（幸長）社參御初尾、
殊清錢也、遣之、青女方より書狀、周桂申來了、

豊國社に赴く
豊國社縁日足痛平癒に依り社參す
吉田浄慶來禮す
吉田兼倶月忌
豊國社書院疊面替
豊國社旬神事
淺野幸長社參
佐竹齋來禮す
兼治駿河下向に依り路錢を遣す

及晩左兵來、明日駿州へ罷下之由申來了、仕合能、進一盞、

（約一行空白）

淨慶に神供を進む

廿四日、辛丑、天晴、今朝神供遣盛方院、

兼治出立す

左兵發足、

兼見室北野社に詣づ

廿五日、壬刁、天晴、靑女詣北野、輿カキ二人遣了、

午刻北野巻〔數〕誦持來、頂戴、」

母月忌

（7オ）廿六日、癸卯、無量院（兼見母、妙蓮）殿月忌、精進、唱佛誦、

廿七日、甲辰、書院椽之疊六帖、面替、大工二人、

兼従室の女房衆を朝餐に招く

今朝萩原内義召遣女房衆十三人、請朝湌、御局入來也、

長谷聖護院に逗留せる新上東門院に音信す

女院様今月十九日ヨリ、長谷聖護院殿（興意法親王）御屋敷へ御成、未御逗留也、爲御見舞菓子一折大マン中、有進上、少納言殿へ文ニテ申入了、使者掃部（祢宜）、

長岡幽齋室より酒肴を贈らる

幽齋女房衆（長岡幽齋室、沼田光兼女、麝香）ヨリ一樽到來、二色、鴈一・昆布三束、豐前棰二、使僧・文到來、返事、使僧帯一筋遣之、

智仁親王豐國社社參

廿八日、乙巳、天晴、早天八条殿（智仁親王）御社參、昨夕肥後方（中大路清爲）ヨリ案内也、照高院殿へ直ニ御成也、

如毎度御盃已下之儀無用之由、堅御理之条、不及其沙汰、卒度カンヲ以テ御盃獻盃之、
次御社參、兼從罷出、奉幣之儀式如例、御初尾三百疋、惡錢、」

祇園執行常泉屋敷新造に就き板倉勝重より咎めらる

（7ウ）
廿九日、丙午、天晴、祇園執行（寶壽院常泉）自板倉伊州（勝重）在相尋子細、松林之內〔新義〕屋作在之、不相居之由、
以外腹立、今朝誰（雜）色共來而、執行可被罷出之由、急速申云〻、神龍院（梵舜）伊州（板倉勝重）へ罷出、八右
衞門尉可相談之由申訖、不審〔慮之〕仕合也、（〆如何）子細難測〱、

常泉を朝餐に招く

卅日、丁未、天晴、祇園執行請朝飡、佐竹齋《イツキ》・藏人助其外相伴六七人、

勝重に音信す

板倉伊州へ爲見廻、遣神龍院、尾州（徳川家康）へ武家近日御成之由云、板伊（板倉勝重）近〻下向之由申之条、
見廻之儀也、鴈一、持遣之、

勝重常泉の身上別義なき事を語る

後刻神龍院歸、伊州機嫌也、執行之義、子細具被申由語之、身上不可有別義之由被申也、
卽執行申聞訖、安堵也、

金丸高臺院に禮參す

（8オ）
金丸高臺院樣へ御礼ニ罷出、（鈴鹿定繼）民部少輔召具、罷歸、御對面、道服拜領、」（川副勝重女）から藏主馳走之
由申訖、紅帶二筋カウ藏主遣之、」

豐國社神事去年三月以來不參なるも參勤す

本多忠勝より祈念を依賴さる

金丸長岡幽齋室に禮參す

神宮寺に於て朝餐あり

名古屋城普請の爲長岡興道豐前より上洛す

(8ウ)

二月小

一日、戊申、　當社神事如常、予社參、去年三月以來不參、當年平癒、參勤、神慮之加護也、忝〻〻、兼從奉幣、予御鈴、次祝□(權)少□(副)(吉田)兼之勤之、次退出、

自本多中務少輔(忠勝)書狀・使者、申歳ヨリ七年代官參、立願也、今度代官小柳津《ヲヤイツ》助兵衛尉罷上、銀子壹枚、到來、御祓天度卅六本、榊、表書、

豐國大明神寶前御祈禱御祓、　書狀返事、仰筆者、豐壽、彼書狀返事案在之、　入夜雨降、

(約一行空白)

(9オ)

二日、己酉、　天晴、　幽齋女房衆(長岡幽齋室、沼田光兼女、麝香)へ金丸(ノチノ兼庵)・同母爲礼罷出、三色、行器、貳荷、强飯、肴、カマス十五連、・雉、十、柳三荷、ミソレ、折、ウス皮マン中貳百、　金丸進之、後刻罷歸、內義卽對面、一段機嫌也、雜カン雜カン有一盞之儀、別而入魂之仕合之由申訖、

佐竹齋《イッキ》伏見へ被罷歸了、

三日、庚戌、　於神宮寺朝飡、金丸母召具、とうゐい折節入來、召具(×出)、

長岡內膳正(興道)自豐前上洛、尾州御普請義也、使者・書狀到來、肴、鰤三、・大椪二、持來、

書狀返事、明日尾州へ發足之由申訖、

小笠原長元も上洛し音問あり

長元米百石を借用す

小笠原民部少輔(長元)上洛、爲音信來、百疋持來、及暮對面、卒度進盃之、御倉八木百石借用之、相意得之由申之、猶神宮寺へ申遣了、利平三ワリ、明日可請取之由申了、

月神を拜す

及夕月神拜念、清月也、」

(約一行空白)

(9ウ)
四日、辛亥、

兼治室來る

五日、壬子、左兵衞佐女房(兼治室、長岡幽齋女、伊彌)來、予肴、鰤一、金丸美濃帋廿帖、香ツヽミ、母美濃帋廿帖・綿百目、於上屋敷萩原內義(兼從室)在夕飡、及晩入來、阿野少將(實顯)東雲來、少將內輪之義申來也、存分申聞之、大工久右衞門尉召寄、小箱二ツ、サス、

兼治室等を朝餐に招く

六日、癸丑、雨降、左兵女房(兼治室、長岡幽齋女、伊彌)請朝飡、上屋敷御局相伴、夕飡於上屋敷在之、今夜滯宿・也、

三日以來持病を發す

予三日ヨリ持病、至今日同篇、

七日、甲刁、天晴、若上(兼治室、長岡幽齋女、伊彌)未逗留、朝食於上屋敷在之、於予方雖用意、上屋敷抑留也、駒鳥最前主塗師屋、持返之、今日小箱二ツ出來、」

兼見室因幡堂藥師に詣づ

(10オ)
八日、乙卯、因幡堂藥師青女(兼見室、佐竹氏)詣了、香水持來、頂戴之、蓼倉藥師宗齋詣之、香水持來、

同頂戴之、

兼治の留守第に米を遣す

九日、丙辰、左兵衛佐駿州へ下國、留守飯米不(〆之)弁之由申之条、八木貳石、修理(鈴鹿保爲)ニ渡之、

吉田に帰る

十日、丁巳、吉田へ罷越、代物三百疋清錢、中錢五百疋、持之、

高臺院より雁を賜る
徳川家康鷹狩にて捕ふる雁なり

十一日、戊午、自政所さま(秀吉室、高臺院、杉原氏、寧子)鴈一、給之、御鷹之鳥自駿州武家(徳川家康)御所被參之由候而拝領之、御局ヨリ御文也、御返事申入了、

兼見室稲荷を祀る

稲荷御縁日也、青女方ニ神體佛像也、實父法印(蓮養坊)ヨリ与奪与奪之、例年祭之、今日同前、家中各祝之、

（約一行空白）

(10ウ)

昨日の雁を大炊御門經頼に進む

十二日、己未、朝程雨下、午刻晴、昨日鴈、大炊御門殿(經頼)持遣之、以書狀豐後守(鈴鹿勝正)ニ持遣之、折帋充所眞繼殿、柳原一人歟、近年大炊(大炊御門經頼)ニ在之也、

十三日、庚申、

祇園執行常泉兄弟來禮す

十四日、辛酉、祇園執行(寶壽院常泉)來、一樽持來、鯛二、不塩、串アフヒ五連、昆布三束、柳壹荷、二、神福院同道、執行舎弟也、雖抑留候、卽可罷歸之由候間、卒度以肴羞一盞(蓋、)今度林之內祇園之內、近年妙心

院殿令奉公林之内、令作事、板倉《勝重》被聞之、曲事之由執行ヘ存分、既可入籠之旨、以誰色《雜》頻被召寄、就其遣神龍院《梵舜》、種〻令懇望、暫不相濟、重而伺彼氣色、爲許容、安堵也、書狀之礼旁入來也、

十五日、壬戌、

持病篤し

(11オ)十六日、癸亥、　持病以外發、雨降、

豐國社に赴く

十七日、甲子、　天晴、明日豐國社御緣日也、爲神事罷越了、

豐國社緣日

十八日、乙丑、　社參、萩原《兼從》同前、佐法《作》如常、神供、朝予頂戴之、夕萩原頂戴之、辻將監《近弘》八木壹石、遣之、先度申遣、唯取來而渡之、左京助《鈴鹿和房》、

吉田兼倶正忌

十九日、丙寅、　神龍院殿《吉田兼倶》年忌、於吉田之神龍院、寺庵半齋、左兵衞佐下行之歟、予精進、拜念、萩原內義爲見廻罷向、先年召置茶坊主召返也、此者へ罷出也、

廿日、丁卯、　曇、午雨降、　吉田ヨリ小袖二、出來、潤色也、

豐國社旬神事

廿一日、戊辰、　旬神事、兼從參勤、　神供樂人下之、每月如此、

廿二日、己巳、　天晴、

祝式部第の門を移築す

(11ウ)廿三日、庚午、　祝式部屋敷之門壞之、此屋敷西土戸塞之、又東口へ立之、本之門之跡塞、

三所之普請今日中出來了、

式部第の門を兼見第に移築せんとす

廿四日、辛未、　今度之門之道具、吉田ヘ持遣之、予屋敷ニ立之、大工伊与ニ申付也、当所之錢〔鍛〕冶召寄、釘ヲ申付之、

廿五日、壬申、　自今日伊与門ヲ仕之由申來、

土御門久脩藤波種忠第に押入り亂妨す

廿六日、癸酉、　土御門久脩〇對祭主（藤波種忠）遺恨、今朝祭主屋敷ヘ押入、屏〔塀〕中門ヲ切破、座敷之腰障子已下打破之由聞之、外聞實義如何忽祭主失面目之由申訖〔〆了〕、但馬女共江州ヘ罷下、私宅酒屋此中借之、今度令古〔沽〕却、任法度条〻爲後年申付之、

但馬守屋敷を酒屋に賣却す

兼従室高臺院に參る

廿七日、甲戌、　萩原内義高臺院樣（秀吉室、杉原氏、寧子）ヘ御出、御棰・行器、三荷、肴、鯛十、不塩、・カマス廿連、・柳、三荷、桶已下入念相調之、供之輿七帳〔張〕、・人足、五十人、」萩原小性・祢宜二人、主水・内匠、祝民部（鈴鹿定繼）・豐後守乘馬致御供、卽罷歸了、各罷歸刻雨降、

（12オ）

廿八日、乙亥、　雨下、領内ニ召置但馬守屋敷ヲ京都之酒屋令買得、任法度、爲後年一行已下仕而、許容了、爲礼樽鮒五・昆布二束・指棰壹荷、持來、鈴鹿豐後守（勝正）取次之、不及對面、

兼見第門移築成る

吉田之予屋敷門立之、出來之由申訖、

萩原方ヨリ行器一、持來、政所樣被持遣之条、可令祝義之由到來、

禁裏獻上の御祓表書を書す

廿九日、丙子、　禁裏御祓、玉串、吉田ヨリ申來之間、表書予調之、遣了、以侍可致進上之由申遣之、」

(12ウ)

閏二月大

豐國社神事兼見頭痛に依り不參

一日、丁丑、　天晴、當社神事如常、兼從參勤、予持病頭痛發也、不參、萩原御內義(兼從室)御歸宅、入夜、

兼治駿河出立との報あり兼治より馬を贈らる

左兵衞佐兼治駿州ヨリ罷出之由申訖、馬カ毛、牽上之、予ニ給之、

上洛せる長岡忠興に音信す

時正

二日、戊寅、　天晴、長岡越中守(忠興)上洛、在伏見也、以書狀折紙、遣使者ㄈ豐後守(鈴鹿勝正)、鮒五十、於大津(近江滋賀郡)調之、・當社神供遣之、每度頂戴也、仍遣之了、時正、七日之間每日三度日神令祈念了、

月神を拜す

三日、己卯、　及夕月神祈念、

(〇行間補書)「當所之鋏(鍛)冶、廿四日ヨリ召寄、釘其外色〻申付、出來了、」

產穢時の神事に就き勅問あり

四日、庚辰、　長橋殿(持明院基孝女、基子)、產穢之時神事之儀、以条書被尋下、即任条書書付之、申入了、

高臺院藏に盜賊侵入し金銀を盜む

昨夜政所樣(秀吉室、高臺院、杉原氏、寧子)ㄈ切御倉、御道具盜取之由承了、及暮知之、即以民部少輔(鈴鹿定繼)御見舞申入了、罷

歸云、金銀取之由、其沙汰也、」

黑田長政豐國社社參

(13オ)五日、辛巳、天晴、早天黑田甲斐守(長政)社參、祝・祢宜各可罷出之由申付了、御初尾、十二貫文、中錢也、毎度清錢、此度ハ中錢也、萩原(兼從)五百疋遣之、

兼見第門塀覆普請成る

吉田之予屋敷門屏(塀)之ヲヽイ以下修理之、伊与・傳次申付、今日悉出來了、

持病を發す

六日、壬午、持病出、日神三度之祈念、

七日、癸未、持病サメス、日神拜念、

八日、甲申、天晴、日神拜念、至入日結願、

讓位時の大殿祭に就き勅問あり

吉田家勤仕の先例なし

舊記の撰進を仰せらる

長橋殿ヨリ奉書、被仰出云、御讓位之時、大殿祭在之歟、自當家勤之歟、御返事申入云、大殿祭之義、先代無其沙汰、兼見不勘之由申入了、重而以奉書被仰出云、於神道之義者、撰舊記可執行旨仰也、最前如申入候、彼次第舊記已下不慥之、殊佐法(作)不分別仕、何も撰出舊記者、御案内可申入之由申入了、」

兼從に山崎よりの銀子を遣す

兼從連々不孝無念なり

(13ウ)山崎(山城乙訓郡)油之銀子五十目、渡之、萩原方へ之銀子、五百目、最前壹貫目、已上壹貫五百目相渡之、殘六百五十目也、依不慮之子細遣之、萩原所存先代未聞、外聞失面目、仍不及沙汰遣之、具不及注之、連ゝ不孝法外也、無念之至也、不及了簡、

父兼右月忌

豊國社旬神事

加藤清正豊國社社参
俄の社参なり
清正男虎藤も社参す

肥後阿蘇社に就き談ず

豊國社神事
長岡幽斎室神事拝見を望む

九日、乙酉、天晴、重勢來、キリ三ッ、大工十郎ニ申付之、出來、十疋遣之、
十日、丙戌、唯神院殿(吉田兼右)月忌、精進、豊國在之、燒香不參、
十一日、丁亥、旬神事、參勤、兼從不參、

(約二行空白)」

(14オ)
(○半丁白紙)」

(14ウ)
(約六行空白)

卅日、丙午、加藤肥後守(清正)俄案内也、着冠・齋服、予罷出、申礼了、於外陣羞一獻、俄之間、肴已下不取合躰也、御初尾千疋・神樂、十二貫、子息(加藤虎藤、ノチノ忠廣)社參、」御初尾七貫・神樂、十二貫、予
(15オ)
馬・太刀、馬代三百疋、暫雜談、別而機嫌也、肥州阿蘇宮之義具申畢(了、)連ゝ不存之、滿足之由返ゝ被申也、小袖、二重、綾・カラ嶋、毎度銀子三枚、給之、今度無其儀、」

(15ウ)

三月小

一日、丁未、可爲早參之處、幽齋女房衆(長岡幽斎室、沼田光兼女、麝香)神供之佐(作)法見申度、兼日ヨリ理也、暫相待、午刻

參社、予・兼從勤之、祢宜・祝各罷出了、於外陣進一盞、大佛餅貳百・一折、肴、一樽持參之、次予下山、次女房衆入來、及晩進夕食、吉田之青女（兼見室、佐竹氏）・左兵女房衆（兼治室、長岡幽齋女、伊彌）・金丸（ノチノ兼庵）母罷出也、宮川（武田信高室、長岡幽齋姉）・御局其外女中二三人相伴也、上下五十人余、如形丁寧之令用意也、別而機嫌、及暮雨降、萩原（兼從）方ヘ爲礼被罷出也、今度初而見參也、卒度祝義、自是直ニ歸京也、

二日、戊申、　昨日爲礼、幽齋内義（長岡幽齋室、沼田光兼女、麝香）以使者書狀申遣了、彼方ヨリ早文書狀來、

「（約一行空白）」

持病篤し

（16オ）
三日、己酉、　持病以外、

高臺院豐國社に酒肴を奉加す

自高臺院（秀吉室、杉原氏、寧子）樣　當社ヘ御樽御奉獻、行器貳荷、スルメ卅連・貝鮑卅・昆布五束・柳貳荷・行器一、當番ヘ下之柳一・スルメ一連、下之、行器一ツ・榧一・スルメ五連、上屋敷ヘ進之、吉田ヘ餅十、金丸寺ヘ餅十・柳一・昆布二束、御客人ヘ文ニテ申入畢、

金丸母子明日惣社祭禮の爲高野に赴く

（×五）
・四日、庚戌、　金丸母同召具金丸高野（山城愛宕郡）ヘ罷越、今明日高野惣社祭礼也、

五日、辛亥、　吉田ヨリ祭之祝義持來、

豐國社に於て湯立あり

六日、壬子、　湯立三釜・銀子二枚、一釜之分也、

幽齋室見物す

幽齋女房衆湯立爲見物、俄ニ入來、社頭ヘ直ニ參詣也、菓子一折、白糸・肴相調之、持遣之、

湯立已後直歸京了、

（約二行空白）

（16ウ）

豐國社旬神事

十一日、丁巳、社參、勤神事訖、

（約二行空白）

十七日、癸亥、風雨以外也、

豐國社緣日持病に依り神事不參　高臺院より賜る折を長岡忠興に進む

十八日、甲子、當社御緣日也、予以外持病發、不參、兼從參勤、自高臺院さま一折被持下、殊見事也、長岡越州（忠興）吉田ニ滯留、持遣之、今朝御神供長越州（長岡忠興）遣之、祝着之由返事、

（17オ）

下京碁打二三人來、羞夕飯了、及晚皈京了、

持病平癒す

十九日、乙丑、天晴、予持病平散、至昨日五日發病、

（約一行空白）

吉田に歸る

廿一日、丁卯、吉田ヘ罷歸了、

吉田屋敷の屋根を葺替ふ　北野より葺手來る

廿六日、壬申、吉田屋敷書院屋祢葺之、北野ヨリ葺手五人、來、東片原、出來、

葺替成る

廿七日、癸酉、屋祢葺六人、來、今日中出來、作料未下、

茶摘

廿九日、乙亥、　茶之義申付、神足（山城乙訓郡）ヨリ十人召寄、積（摘）之、」

（17ウ）

四月小

豊國社神事

一日、丙子、　豊國社神事、萩原（兼従）參勤、

茶摘

茶義ホイロ（焙爐）、已下之事申付、　積（摘）手神足（山城乙訓郡）ヨリ十人召寄、

（約一行空白）

茶の初葉を壺に詰む

三日、戊刁、　茶初葉之分出來、九斤番茶、予方之入壺、

豊國社に赴く

四日、己卯、　天晴、豊國へ罷越、

長谷の新上東門院に菓子を獻ず

御菓子一折、女院様（新上東門院、勧修寺晴右女、晴子）へ持進上之、未長谷ニ御滞留也、以祢宜駿河申入了、

（約一行空白）」

豊國屋敷の屋根を葺替ふ

（18オ）九日、甲申、　當屋敷書院屋祢葺之、五人來、吉田召寄者也、

十日、乙酉、　屋祢葺、五人、未出來、

葺替成る

十一日、丙戌、　屋祢葺、五人、申刻出來、晩之認申付也、請取之時ハ、雖不申付、北野邊

作料は吉田に於て下行す

ニ罷歸之間、以別義申付也、作料(〆一)貳石五斗、吉田當地相濟也、左京助(鈴鹿和房)渡之、

(約三行空白)

(約五行空白)

長岡幽齋室豐國社社參

(18ウ)十七日、癸(壬)辰、幽齋內儀(長岡幽齋室、沼田光兼女、麝香)社參、次入來、進夕飡、大勢(勢)也、及晩歸京、

(約二行空白)

高臺院豐國社社參

武家饅頭

(19オ)十七日、癸(壬)・辰(〆巳)、當社御祭也、自今日神事、湯立、千座祓、行法、
高臺院樣(秀吉室、杉原氏、寧子)御社參、御初尾銀子、五枚、二位(兼見)、御帷、三ツ、此內一重物、一、萩原同前、左兵(兼治)同前、マン中武家マン中、百、肴一折、・双瓶、罷出、御礼申入了、萩原・金丸(ノチノ兼庵)同前被下御盃了、　金丸御帷、一重、祝十三也、神官・祝各帷、二ツ充、祝(禰)宜各帷、一充、吉田神人共同前、高臺院樣還御之時、一折持給之、　片桐主膳正(貞隆)社參近所之ニ滯留之間、遣之、明日爲御名代上洛也、

豐國社緣日秀頼名代として片桐貞隆豐國社に社參す

十八日、癸巳、　早天右府(秀頼)御名代主膳正(片桐貞隆)社參、予・萩原着齋服罷出了、御初尾、万疋、御袋(淺井長政女、茶々)ヨリ金子、一枚、予・萩原・左兵銀子五枚充、給之、神前之義、奉幣、神樂、獻一盞、マン中、入食籠、肴一折、・双瓶、

勅使中山慶親豊國社社参

豊國社後朝申樂
觀世身愛駿府に在り參勤なし
秀吉は四座大夫を扶持す

豐國祭の初尾を諸所に下す

(19ウ)
次勅使上卿中山中納言(慶親)、外陣ニ着座、休息見合、爲奉幣起座、兩段再拜、次着元之座、次祝戸、兼從勤之、神前先最前御太刀・御馬代、五百疋、惡錢、中納言(中山慶親)、百疋、次退出、樂人各參勤、次備前神供、次予各退出、夕之神膳勤兼從參勤、

十九日、甲午、今日申樂、觀世大夫(身愛)駿州ニ在之、不罷出、惣別申樂之佐法(作)、非神事之義、大明神(秀吉)御存命之時、四座大夫加御扶持、爲冥加、致舞曲義也、天下三人之奉行之義、予ニ談合、此分也、

廿日、乙未、左兵內義(兼治室、長岡幽齋女、伊彌)至吉田歸了、

(約一行空白)」

廿二日、丁酉、青女(兼見室、佐竹氏)吉田へ歸、

(20オ)
(約一行空白)

(約二行空白)

廿七日、壬寅、十八日當社之御初尾下之、
万疋、魚屋廿五貫、萩原廿貫、左兵十貫、吉田十貫、非定之儀、
爲祝義今度遣之、

（約二行空白）

福嶋正則豐國社社參

正則直に高臺院に祇候す

(20ウ)
廿八日、癸卯、雨降、福嶋大夫(正則)社參、予・兼從罷出了、外陣着座、御初尾、五百疋、奉幣
兼從勤之、次祝戸、兼之(吉田)勤之、次神樂十二貫文、次退出、直ニ政所樣(秀吉室、高臺院、杉原氏、寧子)ヘ祇候由也、

(21オ)

五月小

豐國社神事

高臺院豐國社に薪竝に酒肴等を奉加す

兼治以下に是を下す

一日、乙巳、當社豐國、神事如常、
自高臺院樣(秀吉室、杉原氏、寧子)當社ヘ御樽御奉進之、マキ卅巴(把、下同ジ)・鯛廿・スルメ卅・昆布五束・柳三荷、カウ藏主(川副勝重女)ヘ文ニテ目出存之由申入
了、
マキ、カミ屋敷ヘ三巴、柳一、・スルメ、五連、左兵(兼治)折節此邊ニ滯留也、三巴・鯛、二、吉田
ヘ五巴・鯛、三、常光院(三江紹益)ヘ、五巴・昆布五《二》束、柳一、阿野內義(實顯)ヘ三巴・鯛、二、神官各召寄、祝之、
二日、丙午、雨下、
三日、丁未、カミ屋敷ヨリ帷、二、女共、一、小性共五人、各帷一充、給之、

(21ウ)
四日、戊申、板物一重物、モヽ色、代五十目、調之、カミ屋敷ヘ遣之、不縫之、

神官各礼來、　巫女八人、同前來、

（約一行空白）

豐國社社參

五日、己酉、　早々社參、神前之義如常、

材木屋鯛五・昆布二束・柳壹荷、下酒、

カミ屋敷へ爲礼罷出、烏帽子・直垂、袴計着之、常光院來臨、カミ屋敷ニ在之中也、即罷歸

之由申訖、

六日、庚戌、

（約一行空白）」

小鼓の蒔繪を誂ふ
疊を直す

(22オ)七日、辛亥、　天晴、明日吉田へ罷、双紙棚已下持遣之、

御灯之番美濃召寄、小鼓マキ繪之義申付之、疊召寄、座敷帖直之、一帖茶湯之前調之、

十疋遣之、

吉田に歸る

八日、壬子、　吉田へ歸宅、金丸（ノチノ兼庵）・同母至高野（山城愛宕郡）罷越、

因幡竝に蓼倉藥師代官詣

今日藥師因幡堂・蓼倉代官參、香水頂戴之、毎月如此、

（約二行空白）

高臺院大坂に赴く

十日、甲刁、政所様(秀吉室、高臺院、杉原氏、寧子)大坂へ御下向、當年之爲御礼之義也、

(約一行空白)

豐國社に赴く
金丸痔を患ふ
吉田浄慶より内藥を處方さる

(22ウ)□□日(十三)、丁巳、豐國へ罷越、金丸此間相煩痔、熱氣不食、盛方院(吉田浄慶)内藥、猶爲養性今日急罷越了、金母同罷越了、

(約七行空白)

三江紹益來り金丸を見舞ふ

(23オ)十五日、己未、常光院入來、一樽サケ、食籠、獻一盞、暫相談、歸院、金丸所労無心元之由、別而氣遣也、此比少驗之由申訖、

金丸紹益に禮參す

十六日、庚申、建仁寺常光院へ、金丸爲昨日礼罷出也、

長岡幽齋室に神供等を進む

幽齋(長岡幽齋室、沼田光兼女、麝香)女房衆へ神供・鯉一、遣之、文ニテ申遣也(×了)、

(約一行空白)

青木浄憲豐國社社參

十八日、壬戌、早天青木法印(浄憲、重直)社參、御初尾數年無沙汰之条、唯今青銅十五貫奉進之、理懇ニ被申訖、民部(鈴鹿定繼)取次之、

豐國社縁日

御縁日、神事、社參、神前之義如毎年、樂人已下來、
青法印(青木浄憲、重直)今朝社參、入念被申之条、今朝之神供・御祓、以折帋・使者雅樂助、遣了、

(23ウ)
萩原内義御局(兼従室)ヨリ、添神供備前之、
(約八行空白)

(24オ)
(〇半丁白紙)

(24ウ)
(〇半丁白紙)

(25オ)
六月大

豊國社神事
一日、甲戌、當社神事、參勤如常、兼従同前、
(約六行空白)

吉田に歸る
九日、壬子、吉田へ罷越、金丸(ノチノ兼庵)・同母高野(山城愛宕郡)へ罷越、

(25ウ)
西天王社祭禮
十日、癸未、西天王祭礼如例年、於予屋敷門外拜之、
(約一行空白)

板倉勝重駿河より上洛す
十三日、丙戌、板伊州(板倉勝重)自駿州上洛云々、

勝重に瓜を進む
十四日、丁亥、板伊州へ爲見舞、神龍院(梵舜)瓜九十、東寺ニテ調之、持遣之、及晩神龍被罷歸、

別而機嫌仕合之由被申也、

西天王社神輿還幸

十五日、戊子、　西天王還幸祭礼、　金丸・同母吉田へ來、

豊國社に赴く

十六日、己丑、　豊國へ罷歸、　金丸直建仁寺へ罷歸、母豊國來、

（約一行空白）

片桐且元より瓜を贈らる

（26オ）

片桐市正（且元）ヨリ東門髪〔髭〕籠三ツ、到來、今朝大坂へ下向之間、不及返事、

（約二行空白）

豊國社縁日

十八日、辛卯、　當社御縁日、神事、參勤、晩之神事兼從參勤、

（約三行空白）

（26ウ）

（〇半丁空白）

（27オ）

七月小

豊國社神事

一日、甲辰、　天晴、豊國社神事、社參如常、兼從同前、

高臺院に七夕の祝儀を獻ず

二日、乙巳、　天晴、高臺院（秀吉室、杉原氏、寧子）七夕御祝義、奈良曝ツヽキ、五段、カウ（川副勝重女）藏主曝、三端、近江、御きやく

人、二端、近江、御こちや、二端、近江、カウ藏主へ文ニテ申也、御返事直書、以定繼（鈴鹿）申入了、御帷二、被下之由申也、

大坂の秀頼等に七夕の祝儀を獻ず

三日、丙午、大坂へ御祝義、差下民部少輔（鈴鹿定繼）、如例年申入了、

秀頼

右大臣様（秀頼）へ　二面タンノ一重物、アサキ一重物、

秀吉側室淺井氏

御うへさま（淺井長政女、茶々）　二面紅梅、ねり、

千姫

姫君様（秀頼室、德川秀忠女、千）　二面桃色、ねり、」

(27ウ)

大くら卿殿（大野定長室）　奈良曝二端ツヽキ、

二位殿（渡邊重室）　同　一端ツヽキ、

三位殿　同　一端ツヽキ、

姫君様御局　同　一端ツヽキ、

御いちや　百疋

大くら卿殿へ文ニテ申也、御祓今月不進之、

（約三行空白）」

(28オ)

大佛造立之大工大和使者ニテ、帷三ツ、到來、

次當社へ詣、神樂二座、巫役之、貳貫二百文大工仕合、白衣、於庭上拜之由申訖、

山椒の芽を摘み吉田に遣す

四日、丁未、山枡(椒)之目ヲトリ、吉田へ持遣之、

秀吉側室淺井氏等より帷を賜る

五日、戊申、天晴、自大坂民部定繼罷上、定繼御帷被下之由申也、
御袋様(淺井長政女、茶々)ヨリ　御帷三淺黄、高宮、綾一重、「(○行間補書)片桐市正(且元)殿へ差下豐後守(鈴鹿勝正)、帷、二、一重物、カラシマ、茶ノ小紋、」
姫君様ヨリ　御帷三袷、高宮、淺黄、
大くら卿殿・二位殿・三位・御局・御いちや、無御返事之義、」

金丸母長岡幽齋室を音問す

幽齋女房衆(長岡幽齋室、沼田光兼女、麝香)へ、金丸母(ノチノ兼庵)七夕見廻旁罷出了、粽、百把(巴)、弥介・与十郎・与七・女共上下六人

(28ウ)

召具、

板倉勝重に七夕の祝儀を進む

六日、己酉、板倉伊州(勝重)へ帷、二、一重物カハ色、・淺黄、近日伏見へ被相越、滯留之間、今朝早(×天)天神龍院(梵舜)伏見へ被相越、後刻被罷歸、仕合よく機嫌之由被申畢、

豐國社神事

七日、庚戌、當社神事、社參、神前之義如常、カミ屋敷ヨリ一樽・鯖十サシ、昆布、・柳、壹荷、
豐後守大坂ヨリ罷上、市正(片桐且元)殿返事、機嫌之由申訖、金母萩原内義(兼從室)へ大マン中廿、持參、
予罷向了、左兵(兼治)吉田ヨリ入來、針立來、羞夕食、

諸人に給分を下行す
高臺院豐國社神官等に酒肴を下す
大津より鯖を取寄せ諸所に遣す
吉田に帰る
兼治第佳例祝儀

（約一行空白）

（29オ）
八日、辛亥、　天晴、
給分下行、　如例年、
高臺院様ヨリ神官共各ニ、行器五荷、・鯖サシ、・御樽三荷、被下之、　此内二位（兼見）蓮之供御・鯖五サシ、・柳一、給之、文之返事申入了、表書、あやゝ、
九日、壬子、　昨今給分下行之、
大津（近江滋賀郡）ヨリ鯖三百十サシ、壹貫八百五十文調來、弥介・源介両人遣也、
一、百サシ、萩原（兼従）方へ、
一、七十サシ、吉田へ料足貳百疋、せい錢遣之、今日九日、卽遣之、
一、ミつ方へ、卅サシ・餅ノ八木壹石、今日卽持遣之、
（29ウ）
五十サシ、高野（山城愛宕郡）へ遣之、
金丸高野（ノチノ兼庵）へ罷越、
十日、癸丑、　吉田へ罷越、金母高野へ罷越、
十一日、甲刁、　於左兵衛佐（兼治）方例年之祝義、ウトン、

十二日、乙卯、内山之松木二本、左兵所望之間、切遣之、　兼治に内山の松を遣す

孫女ミつ方より、蓮供御持來、祝之、青女（兼見室、佐竹氏）・長靍兩三人へ來、鈴鹿豐後守（勝正）蓮供御、予・」　孫女満より蓮飯を進めらる

青女・長靍三人、持來、

十三日、丙辰、參祖廟、燒香、金丸在院常光院、（三江紹益）青銅千疋、宗印百疋、以豐後守（鈴鹿勝正）持遣之、　展墓

内山之植松在之、切之、七間〻中在之、」

豐後守勝正（鈴鹿）蓮食、予・青女・長靍丸持來、

（30オ）

孫女蓮食祝義到來、

及晩佛前之義、宗利其外一兩人罷出、誘之、

於西方祖神部類眷屬向水、次佛前以念殊〔珠〕拜之、（〻之）次佛供已下如例年、

（○行間補書）「十四日、丁巳、幽齋内義（長岡幽齋室、沼田光兼女、麝香）ヨリ樽到來、鯖サシ、ワカメ、豐前酒、大樰二ツ、」　幽齋室より酒肴を贈らる

十五日、戊午、今日ｏ祝義於予宅祝之、當社へ蓮食鯖五サシ、被備、參了、　盂蘭盆會

十六日、己未、及暮万灯爐罷出、見之、諸山如例年、　萬燈籠を見物す

十七日、庚申、豐國へ罷越、　豐國社に赴く

十八日、辛酉、社參、神事如常、兼從不參、」　豐國社縁日兼從不參

大佛建立の大工頭中井正清に物を遣す

勝重に八朔の祝儀を進む

豊國社神事

高臺院豊國社に酒肴等を奉加す

（30ウ）

晩神事、祝・祢宜參勤、

（約二行空白）

廿七日、庚午、大佛建立之大工大和守（中井正清）、袷貳ツ、・ヒトヘ物、一、以上三ツ遣之、以民部少輔持遣之、最前帷、貳ツ、ヒトヘ物、以使者持來、依之唯今遣之、

廿八日、辛未、杉倉〔板〕伊州（勝重）へ八朔之礼以神龍院（梵舜）遣之、伊州百疋、清銭二百文充、七ツ、五十疋、一、三百文、二ツ、今度金右衛門方へ初而遣之、以上參貫三百文歟、後刻被罷歸、各相濟之由被申也、」

（31オ）

八月大

一日、癸酉、當社神事如常、新米御供也、神官對面、下酒、

樂人一樽、肴ハム廿本、ハシカミ十巴〔把〕、・柳一、諸白、

巫女神樂十六人、一樽トヒ魚二連、・指樽、一荷、

政所様（秀吉室、高臺院、杉原氏、寧子）ヨリ當社へ御樽三荷三種、行器三か、・赤飯クマ引十枚、・スルメ五連、・昆布、五束、萩原（兼從）

方へ行器一、・スルメ五連、・樽一、・昆布、一束、吉田へ行器一、・スルメ、五連、金丸寺(ノチノ兼庵)へ行器一、・樽一、・昆布、二束、社頭當番へ行器一、・樽一、・スルメ、三連、祢宜・巫女・女共召寄、下之、

廿九日、(〇七月ナラン)壬申、」

(31ウ)

八月大

一日、癸酉、豐國社神事如常、兼從同前、　勤奉幣、

豐國社神事

二日、甲戌、內義二階座敷疊之面替、吉田大工申付之、近江面、十四帖取寄之、雅樂申付之、

二階座敷の疊表を替ふ
近江面

三日、乙亥、土藏之普請、大工助右衞門尉一人、南ノハシト一ツニ取放之、內造作也、

豐國社土藏普請

四日、丙子、大工一人、昨日之所也、疊悉出來、

五日、丁丑、當臺所部屋ヲ取放、內造作申付之、悉出來、

臺所普請等成る

(〇行間補書)「金丸(ノチノ兼庵)母吉田へ罷越、長靏此間相煩、見舞之義也、一樽持參之、大佛餅二百、・カマス三連、・柳、一、」

秀吉側室京極氏豐國社社參
六日、戊刁、　松丸殿（京極高吉女、龍子）御社參、御初尾三百疋・神樂、十二貫、予三百疋、祢宜共五百疋、巫女八人三百疋、今朝之神供御頂戴之、

暫く神前にあり
暫神前ニ御座、次御歸京、」

兼治室に神供を遣す
（32オ）七日、己卯、　天晴、吉田左兵内義（兼治室、長岡幽齋女、伊彌）遣神供、

金丸母至高野（山城愛宕郡）罷越、

勸修寺光豐に直衣勅許を申入る
祖兼熙竝に兼倶の例を注進す
老後の望なり
勸黄門（勸修寺光豐）へ直衣之義、以豐後守（鈴鹿勝正）申遣了、兼熙七（八）代之祖・兼倶四代之祖、勅許注之、申入了、今月當社臨時之神事參勤、令着之義、老後之望也、偏黄門（勸修寺光豐）御奏達任之、賴入之由申遣了、

光豐に兼熙竝に兼倶の官位を注進す
光豐奏達を約す
八日、庚辰、　勸黄門へ直衣之義申訖、先例兼熙八代之祖・兼倶四代之祖、二代之官位注之、申入了、及晩罷歸云、可令奏達之由、入魂也、

梵舜臨時祭装束料下行に就き大坂に下る
九日、辛巳、　神龍院（梵舜）大坂へ下向、今度臨時神事、神官共装束料訴詔之義也、

装束料下行さる
十日、壬午、　及暮神龍院自大坂被罷上、神官下行之義許容、即請取之、被罷上也、」

豐國社旬神事
持病發するに依り不參
（32ウ）十一日、癸未、　旬神事也、持病以外發也、不參、　兼從參勤、

樂人將監（辻近弘）來、今度各罷出度之由訴詔之義也、

十二日、甲申、　勸黄門遣豐後守、直衣之義也、

智仁親王豊國社社參

十三日、乙酉、八條宮《(智仁親王)》御社參、巳刻、先予宅ヘ申入、少御休息、次御社參、ソハツキ《(ツ脱カ)》・立烏帽、赤色、兼從參勤、備神膳、次奉幣、次祝戸、次御退、予宅ヘ申入、卒度御祝義申入了、小漬也、神樂料、十二貫、予御太刀・御馬、三百疋、於御前拜領之、阿野少將《(實顯)》、

（約一行空白）

（〇半丁白紙）（33オ）

（〇半丁白紙）（33ウ）

（〇半丁白紙）（34オ）

（〇半丁白紙）（34ウ）

〔國學院大學圖書館所藏〕

（後補表紙）

「（題簽）

「天正五年八年 伊賀國下向
多武峯下向」」

（原表紙カ）

天正五十二月十二日伊賀國一宮大明神遷宮下向記

天正八三廿一　多武峯下向記

天正八十二六　伊賀國下向日次

（原寸、縦二七・〇糎、横二〇・四糎）

天正五年
兼和本年四十三歳、正四位下、神祇大副、右衛門督、男兼治十三歳、本年十二月十九日元服、二十三日敍從五位下、神祇少副、

伊賀國に出發す

高田出羽守等まろ木橋に迎に出づ
一宮に著く
遷宮に就き差配す

十二月大

（1オ）
十二日、甲午、　天晴、早旦發足、今夜至太神山(近江滋賀郡)一宿、爲迎伊州衆弘春・年預衆兩人來、
當坊五十疋、遣之、
十三日、乙未、　天晴、如春、難所各安堵了、　早々發足太神山、至マロ木橋、高田出羽守、其外年預兩人出迎、立輿一礼了、　申刻下國、直ニ一宮ヘ令乘輿、遷宮之仕合下知了、本社首尾柱等悉以繪ヲカク、金物以下無殘所、」

（1ウ）
今夜社家、南兩種一荷、・中西兩種一荷、三人礼來了、下神人五人、」

（2オ）
(○半丁白紙)」

（2ウ）
(○半丁白紙)」

兼和本年四十六歳、正四位下、神祇大副、右衛門督、男兼治十六歳、従五位下、神祇少副、侍従、

多武峯に出發す
清原國賢元右梵舜同道す
南都に著く多聞山城跡等を見物す
悉く亡所なり
春日社に參る
南都を出發す
大神神社に詣づ宇治橋竝に織田信長第の用木の爲神前の杉悉く伐らる
櫻井に於て休息す

（３オ）

三月小

廿一日、辛酉、朝早天曇、　多武峯へ下向發足、清少納言國賢(清原)・元右・舜藏主(梵舜)同道了、於路次晴天也、卅余人召具也、　於宇治(山城久世郡)神明暫休息、三人乘馬、人夫一人返也、　未下刻至南都、先多門城舊跡見物、大佛・八幡等社參、先年下向之時、今度一見無正躰、テカイ悉亡(×在)所也、東大寺邊多分相果也、　今夜町屋一宿了、　春日社參、神前□無相替義、若宮等社參、祈念了、」

（３ウ）

廿二日、壬戌、　早〻發足南都、　ヤナイ本(大和城上郡)邊多武峯ヨリ迎兩人令乘馬來、令下馬一礼了、三輪路次之間參詣了、爲今度宇治橋之用木、神前之前後杉悉被切也、村井(貞勝)上使四人在之、是モ信長(織田)御屋敷之爲用木、切木引板、京都へ持上(×上)了、無正躰、連〻聞及、拜殿計也、拜殿之向ニ鳥居在之、其向杉計也、是神木云〻、今度悉被切取也、　於拜殿祈念了、　社家高宮令音信之處、社頭へ來、參詣了、　次各同道、罷出了、於櫻市(井カ)(大和久世郡)、迯迎之兩使可休息之由申、雖斟酌、達而申之間、立寄、裏之於座敷暫休息、亭主(孫七郎)」一段令馳走、小漬等令

（４オ）

如々院藤安丸の里なり

多武峯に著く　如々院等と對面す

夕餐あり　土產

先年父兼右下向の時も歡待さる

亂舞あり

國賢等吉野見物に赴く

一宮社參　神前の餝等を申付く

中院の晚炊に招請さる

國賢等歸る

用意出之、召具者各此義也、內〻聞尋之處、如〻院藤安里也、此度無覺悟之間、先不存分也、　次出旅宿、未刻至多武峯、如〻院・中院・宮內卿出合庭上へ出合、予先入座敷、中院・宮內卿一礼了、旅仕立之間、於次座敷着烏帽子・直垂、元之至座敷兩人對座、次夕飡、丁寧也、　同道三人次座在之、入夜住寺藤安丸對面了、先以前杉原十帖・五明二本、狩野、金、宮內卿五明十本、狩野、墨繪、中院へ十帖・五明五本、御影堂、先年故二位殿（吉田兼右）御下向之時、別而馳走也、但其住寺遠向也、今度弟子也、五十歲五十計也、一段入魂也、」往生院へ十帖・五明五本、同、祈坊へ十帖・五明五、同、皆先年馳走之故、今度令音信了、

（4ウ）

廿三日、癸亥、從早旦着烏帽子・直垂在之、午刻從當院相催隣坊、乱舞爲興行、三人余參會、予對面、重疊也、興行在之、及深更酒宴、乱舞也、同道三人、吉野爲見物罷越了、送馬以下從當院馳走也、今夜一宿之間、送馬歸也、

廿四日、甲子、今夜社參、神前之餝等申付了、一山悉入魂馳走也、併神慮也、滿足了、」

（5オ）

惣分ヨリ度〻使僧來、神前之道具可申付之由案內也、悉用意之間、不及其儀、祝着之由返事了、今夕中院晚炊興行之間、可來之由案內也、度〻雖斟酌、別而懇情之理之間、領掌了、　吉野見物之衆歸當院了、花・名木等驚目之由相談了、今朝藤安丸・無量壽院・

毎朝行水
兩社諸神祈念
一宮社参
一山多く参詣す
壇の設へ
二座修行
奉幣
大織冠啓白
宿坊に帰る

宮内卿相伴也、毎朝行水、兩社諸神祈念了、

（約二行空白）

（5ウ）

酉刻當社社參、着冠・齋服、意葉、日蔭糸、誰〔雜〕色四本、松明、一山多分參詣云々、貴賤群集也、

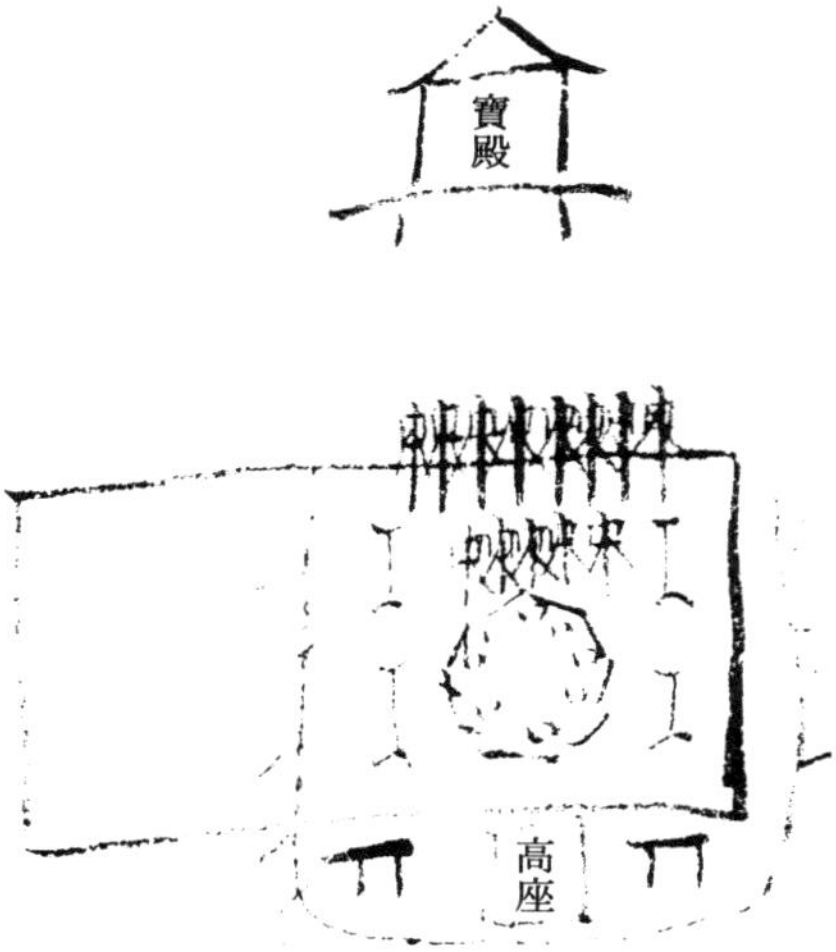

（6オ）

二座修行、陽・陰、
御幣三本奉納、修行之後、高座之下ニ於テ兩段再拜、其後奉納也、
大織冠御啓白、參詣衆中所望之間、讀之、
次歸宿坊、

廿五日、乙丑、　中院・無量壽院・藤安丸相伴、

如々院に壇場を構へ修行す

於當院構壇場、一座修行、地鎮、鎮札一、・守、一、藤安丸ヘ遣之、

一宮社僧來禮す

昨夜爲礼、一山ヨリ兩使社僧也、神釼康永(河内守)、・二荷兩種・青銅千疋持來、對面、先神釼頂戴之、彼使申礼了、進盃、」

(6ウ)

如々院被官の息に德壽と名付く

當院被官連々相煩、鎮札所望之由、從當院被申之間、調遣了、鎮札、一、守一、卅六、・息、一、三歳、可付名之由、彼子對面之時申之間、德壽名之(ヌ付)、悅喜了、

中室坊に於て修行す

院主七年間に八人死去す

影向の石割るの祟か

隣坊名井の水流入の故か

中室坊祈念之儀罷向、構壇、一座修行、院主十一歳也、當坊七年之間、八人令早世、毎度殺害也、當社影向之石當坊ニ在之、先年爲一山令所望、彼石ヲ打ワリテ取之、若其祟歟、又隣坊ニ有名井、其近所ニ從當坊堀(掘)井、彼名井ノ水流入、如此之義在之、可分別之由申了、

(7オ)

石の儀ならんと答ふ

予云、二色之內、石之儀有其子細歟、井之儀」不苦、院主向後當社ヘ一月三度社參可然之由諷諫了、然者持參之祓可調進之由申了、尤許容也、鎮札・守遣之了、　修行已後三獻、丁寧也、　爲礼千疋持來了、　當坊ヘ寄人實相院對面也、「入夜歸宿坊了、」(○行間補書)

多樂院より祈念を請はる

多樂院一谷也、先年錯乱、般若寺一寺從一山成敗、最前各誓紙之儀在之、罷越、祈念之

義當院之寺僧以鈞玄（長賢良盛）〔坊脱カ〕被申之間、領掌了、

（約二行空白）」

（7ウ）

多樂院に赴く

廿六日、丙寅、〔×七〕丁卯　今夜多樂院一谷、爲祈念罷向、先最前神人三人右近允（安田右宗）・修理進（鈴鹿定繼）・喜介（鈴鹿）、着淨衣遣也、

壇場の設へ

六十四神御幣書神号、立外陣、内陣引班幔、構壇場、御幣八本、五色之幣、屛八、立榊、五十鈴、眞佐垣、引廻注連、於庭上清祓、案二脚・幣・裹物以下如常、清原之事、去年一谷討死數輩也、今度清祓之祈念之事申理之間、如此、

二座修行

修行二座、陽・陰、庭上之儀、修理（鈴鹿定繼）・右近（安田右宗）兩人勤之、後明壇場参詣之衆、各拝見祈念也、」

（8オ）

會所に於て一獻あり

一谷會所也、三間十間之座敷也、於奥間一獻之儀在之、重疊丁寧也、相伴、巡勝、神供所、榮賢坊、牛《カマチ》、役者ヲ云也、

及深更歸宿坊了、

多樂院燒亡跡に於て清祓地鎭を修す

廿七日、丁卯、「〔〇行間補書〕去年一谷多樂院、依錯乱令燒亡、其跡之屋敷清祓・地鎭之事被申之間、神人三人申付、相調遣了、清祓之事右近ニ申付也、三寶院ト云寺也、近日作事云々、」

花見

當社之近邊花其盛也、見物之事、當院主藤安丸興行、雖斟酌、達被相催之間、誘引隣坊、

（8ウ）

花下に於て詠歌あり

各同道了、誠數本之花其盛也、詠草之事、於花下所望之間、詠之、分のほる宮居さかふる常盤木に色しそへたる花のかけかな　兼和　衆中各詠覽、」其後懸木迷惑之由申了、酒宴、歸坊無正躰、

近來遊覽、更難忘之由申了、

往生院に赴く

廿八日、戊辰、　從昨日依契約、往生院へ罷向了、先年唯神院(吉田兼右)殿御下向之時住寺《之》院主也、院中驚目也、院主、舍宮內卿、院主舍弟也、良春、如〻院予同道、相伴四人也、丁寧獻〻盡數馳走也、　及暮歸坊了、沈醉無正躰、

入夜往生院爲礼以使者申遣了、入夜往生院・宮內卿爲礼來、料紙三束・鳥目五百疋持來也、當座種〻令斟酌了、從當院羞盃、暫酒宴在之、酒之中」退出、至門外送出了、

（9オ）

酒宴

廿九日、己巳、　中院・無量壽院今朝相伴也、

今夕自當院相催隣坊、中院・祈坊・無量壽院、其外三人坊号不知、相伴、獻〻丁寧也、酒宴在之、

滯留中調ふ地鎮

當山滯留中地鎮之事

＼如〻院　＼三寶院燒屋敷也、　＼孫七郎如〻院里也、　＼往生院

＼助四郎如〻院被官也、　＼弁才天舊地　＼二郎右衞門

鎮札

鎮札

＼如〻院　＼中室坊　＼弁才天神鎮札　＼孫七郎如〻院里、

＼門之札　＼助七郎

」

守

守（9ウ）

孫七郎如々院里、三ツ四十二男、・三男、・三十九、女、　如々院藤安丸十六才、　中室住寺十一歳、　助四郎子三才、　二郎左衞門　長存卅三才、　廿五才　孫如々院小性、十八才、　宮内卿取次一、

（約一行空白）

御表祓

御表祓　二ツ

太麻

太麻　二ツ　中室坊・多樂院一谷、相添誓紙返遣之、」

（約二行空白）

（10オ）

長賢坊良盛に大織冠敬白等を相傳す

廿九日、長賢坊良盛、大織冠啓白・參詣次第・奉供神膳用文・御酒之用文・拍手呪文、予書之、相傳了、

大織冠敬白の奥書

啓白之奥書見左、

右最上之啓白也、雖爲祕々中之深祕、授与長賢坊良盛訖、愼而莫怠矣、

天正庚辰喜月吉曜日」

閏三月大

降雨に依り上洛延引す
國衆に子孫繁榮鎮札等を遣す

一日、庚午、　雨降、今日上洛之處、依雨而延引、當社・諸社祈念了、　國衆子孫繁榮鎮札所望被申間、相調遣了、息三ォ、守遣之、當院良春存知之者也、一向以別義調遣了、

(10ウ)

雨止むに依り出發す

二日、辛未、　雨如車軸、上洛延引、未刻雨晴、俄上洛了、院主各抑留也、然共無盡期之間、發足了、

櫻井に於て休息す
孫七郎に若狭冬廣作の長脇差を遣す

於櫻井《サクライ》(大和城上郡)、藤安里孫七郎令抑留、小漬俄相調之、馳走也、往來令造作之間、於座敷、長脇指」遣之、冬廣也、亭主滿足了、送衆、如ゝ院ヨリ宮内卿・慶職坊隣坊也、・祈坊一人、至

(11オ)

三輪(大和城上郡)來了、從是申礼、返了、滯留上洛之刻迄、馳走無殘所、一山之外聞祝着、併神慮勿論ゝゝ、參宿也、

奈良に宿す
兼治奈良見物の爲下向す

今夜奈良ニ一宿、先社參了、侍從(兼治)奈良見物之由、下向之刻ヨリ申之間、最前上使者、可下向之由申遣、昨日一日ヨリ令下向也、

吉田社に歸る

三日、壬申、　上洛之用意從早ゝ申付了、迎之人夫七人召下、不足之間、以駄チン申付了、巳刻發足奈良、　申下刻歸宅了、」

(11ウ)

下向の無事を壽ぐ

今度滯留中・下向・上洛、毛頭無其障、上下卅四人在之、無事之段祝着、偏神慮之▨▨

加護也、別而祖神大織冠納受也、恐美恐美毛忽冥加、神恩忝次第也、弥宗源修行不可怠
矣、

重て清書すべし

天正八年閏三月三日客來、神道佐〔作〕法之間、任筆注之、前後無正躰、重而可清書者也、

天正八年閏三月三日」

（12オ）（〇半丁白紙）」

（12ウ）（〇半丁白紙）」

（13オ）

十二月大

（約二行空白）

伊賀國に出發す

六日、辛丑、　伊賀國へ下向、早天發足了、行事之道具八咫之壇二、持之、班縵〔幔〕・御幣十

供の者

三本・臺以下持之、供之事、安田右近（右宗）四日先へ下也、修理（鈴鹿定繼）・小十郎・喜介（鈴鹿）・金十郎・

田上不動に宿す

六・中間五人・人夫十人・舜藏主（梵舜）召連了、予乘馬、今夜田上（近江滋賀郡）不動一宿了、申刻至不動

多羅尾權介室より招請さるも辭退す

坊、坊主へ五十疋、弟子へ貳十疋遣之、參不動、十疋御初尾、坊中馳走也、　多羅尾權

介女房衆ョリ」(13ウ)書狀、使者三人來、自不動二里麓ハウス原ト云所ニ居住也、明日朝湌用意之間、可急來之由申也、書狀之返事使者ニ申遣、早〻音信祝着也、明日之事、路次急之間、不可參之由申返也、此女房衆先度上洛、高野(山城愛宕郡)出羽守(佐竹宗實)女房ハ兄弟也、今度別而入魂馳走也、

田上不動に詣づ

出發す

七日、壬刁、　早〻發足之用意申付了、荷物以下先ヘ付修理遣也、又參不動、祈念、次每朝之看經、諸社祈念了、　次發足、至路次權介(多羅尾)使者爲送兩人來、彼屋敷之前通砌、以(×遣)使者遣五十疋、」(14オ)馬一疋借馬、舜藏主乘之、マル柱まて送召連、從是返也、馬同前、未刻至伊州一宮之邊、明日祭礼、國中寄合、近邊之宿悉指合也、暫相待、自本願坊相添案內者弘俊、在所ヘ罷向、路次ヨリ弘春坊出合、宿以下馳走、舍弟弘俊宿ニ在之也、安堵了、　入夜申來云、明日役者之皆添也、澤村息三次連〻用意之處、當月二日曾祖母《ヒウハ》死去、服中也、是非裁許之事賴入之由申也、服九十廿日也、未暇之內也、當社勿論大社也、何共寬宥之儀無分別、如何、令思案、以告文調御鬮、參神前取之處、免許也、」(14ウ)

伊賀一宮に著く

明日祭禮に依り近邊の宿指合ふ

澤村三次服中なれども裁許を請ふ

神鬮に依り裁許す

(○半丁白紙)」(15オ)

(○半丁白紙)」

（15ウ）

三次に祓等を遣す

然間天度之祓・守・太麻ヲ右近允(安田右宗)ニ持遣、三次身體・諸道具以下悉祓之、明日參勤治定也、神慮裁許、予尤面目也、忝々々、爲礼壹貫貳百文、以八木渡之、甲居屋助左衞門尉來、小袖借用遣之、

祭禮の飾を見物す

神輿旅所

八日、癸卯、早々祭礼、川原之餝見物了、七所ニ垣ヲユヒ廻、造物以下無比類仕立也、其外食物・魚鳥盡數、驚目了、悉令見物、歸旅宿、齋了又見物罷出了、神輿御旅所、頭（16オ）人・役者各々出仕也、頭人之騎馬・走等千余人可在之歟、其次役者七人、」是又一人ツヽ騎馬等數人、其次第〱無盡期也、於神前巫女神樂、其以後至川原、彼造物・備物七人之衆向之、進盃之儀在之云々、依郡(群)集、所々之不成見物、於社頭七人衆種々役在之云々、

巫女神樂

申下刻還幸、祭礼過也、

神輿還幸

九日、甲辰、一宮大明神之宮許ヘ替宿了、本願坊馳走也、

一宮大明神近くの宿に移る

十日、乙巳、社家三人爲礼來、南・中西・東、先年下向之時門弟分也、對面了、上坊双瓶持來、對面了、東ト云社家双瓶持來、對面了、先刻巫女來、及暮本願坊兩種サウメン（16ウ）三巴(把)・青ノリ、・トツクリ持來、」各ヘ樽一荷、對面、今度別而馳走入魂祝着之由申也、甲居屋助左衞門尉借用之小袖持來、・引茶(×茶)持來、申刻雪下、

社家三人來禮す

先年下向の時の門弟分なり

巫女本願坊來禮す

三次來禮す

日野に遣す使者歸る

處々よりの書狀あり

澤村等に地鎮を遣す

弘春に夫婦入眼の鎮札を遣す

權介室より音物あり

年預來禮す

仁木親類在京の望みあり

社參す

中臣祓修行

十一日、丙午、　澤村礼來、樽持來了、　本城來了、各對面、福壽院一樽持來了、　入夜弘俊見舞、　果〔菓〕子持來了、

十二日、丁未、　遣日野〔近江蒲生郡〕飛脚歸、中村与三郎相添使者、山鳥二、持來、則對面、滿田〔家久カ〕方へ遣書狀返也、甲賀大酒屋遣書狀、百疋音信了、高峯勘十郎遣書狀、返事在之、地鎮三、澤村一、・弘俊一、守一、二才息、・本願坊一、取次也、」

弘春依內縁所望、夫婦入眼之鎮札調遣之、

(17オ)

十三日、戊申、　多羅尾權介室ヨリ書狀・使者、兩種鯛一・豆腐、指樽二、・炭壹荷持來了、返事訖、

自本願坊果〔菓〕子餅、持來了、

此樽年預各へ持遣了、

年預各來礼、兩種・樽二、持來了、各對面、　本城・澤村・三次令同道、双瓶持來、三次加持了、及暮仁木〔長政カ〕殿親類中也、在京之望也、予別而賴之由被申來、餅一折持來、不可有疎之由申、返也、　今夜當社參詣之、用意修行之道具以下、各神人申付了、

酉刻社參、冠着齋服、雜色二人前へ持太麻、喜介小十郎役之、」神殿刻橋之下ニ於テ一揖、次向高座乍

(17ウ)

立一揖、文、次着高座、座揖、文、次安座二拜、文、次中臣祓三座、惣別七座也、次修行、至

祭文告文
年預太麻を頂戴す
年預聴聞の望みに依り告文を讀む
小泉太郎左衛門尉來禮す
高峯勘十郎に招請さる
年預千田より依頼さる家中祈念を修す
勘十郎より伊賀柘植での祈念を依頼さる
去月出生の男子の加持を修す
岩千代丸と名付く

中段祭文・告文〔注別紙、〕讀之、　壇之餝引班幔、○〔注連付四手、〕八咫壇付足、八角之壇也、前ニ〔兩ニ御灯、〕八本立御幣、榊八本付四手、其前ニ五色立御幣、太麻五尺立御前也、修行以後以太麻年預各頂戴之、　告文聽聞望之間、讀之、次退下、

（18オ）

先刻ヨリ小泉太郎左衛門尉來、双瓶持來、月齋〔(宗句、千秋晴季)〕息也、本願坊ヘ餅・樽一持遣了、」

高峯勘十郎書狀・使僧來、上洛之砌可寄立、彼近所祈念之望在之、幸之儀也、何比上洛、爲迎可來之由申訖、相意得之由返事、明後日〔十五日、〕可罷向之由申遣了、

十四日、己酉、　年預衆之内千田《センダ》ト云人、於彼家中祈念之義懇望、以上ノ坊別而被申之間、領掌了、　前ヘ右近允・小十郎持○〔遣〕行事之道具也、申下刻予令乘馬、罷向了、一宮

（18ウ）

ヨリ十四五町在之、行事一座修行了、八本御幣、五色幣、引廻班幔、引注連、修行、」以後夕飡之義在之、丁寧也、亭主一人相伴也、小泉太郎左衛門尉地鎮取次、刀・鳥目百疋、　小太息〔(小泉太郎左衛門尉)〕來、守遣之了、　甲賀郡〔(近江)〕高峯勘十郎書狀到來、申云、當國ツゲ〔(伊賀阿拜郡)〕ト云所ヘ祈念之望在之、下向幸之義也、可罷向歟之由、使者猶口上申訖、相意得之由返事、猶相添

十　修理進〔(鈴鹿定繼)〕、彼方之儀〔爲〕相定申越了、

十五日、庚戌、　去月出生之男子加持之事申之間、守一、調遣、加持了、付名、岩千代丸、

以杉原書之、

千田來禮す

千田爲礼來、兩種一・壹荷・鳥目參貫六百持來了、上坊同道、北坊双瓶持來、近年下向之時、馳走之人也、」進盃、

(19オ)

千田に安鎮札等を遣す
喜三郎に屋固札を遣す

千田弁才天鎮守迁面之土居、安鎮之札・子孫繁榮之札、依所望調遣之、　喜三郎屋固札調遣了、

亡魂靈社遷宮の鎮札を遣す

亡魂靈社迁他所鎮札調遣之、ヤバ田ノ者也、

押田末子を鶴壽丸と名付く

押田末子付名、靍壽丸、以杉原書之、

甲居屋助左衞門尉息元服の日取を遣す

甲居屋助左衞門尉息、元服日取調遣之、注置別帋、

國津大明神屋根を檜皮葺にせんと請ふ
裁許す

當國阿賀《ガ》郡國津大明神御屋祢〔根〕、連々板瓦、今度檜皮葺ニ仕度之由申之間、不苦之由裁許了、一通所望之間、調遣了、注置別帋、」

(19ウ)

(〇半丁白紙)」

附録

凡　例

一、本册には、本文の參考に供するため東京大學史料編纂所所藏謄寫本「兼見卿記紙背文書草稿」「兼見卿記紙背文書」（以下「兼見卿記紙背文書」とする）、豐國神社所藏「豐國社社務職雜記」紙背文書及び國學院大學所藏『諸事書拔』、同紙背文書を附錄として收めた。なほ天理大學附屬天理圖書館所藏本紙背文書については『ビブリア』にて紹介を進めてゐる。

一、册毎にすべて一丁目より採錄し、各通毎にそれぞれ何月何日條あるいは何丁の裏に存するかを明示した。また竪紙・折紙の別を記した。ただし「兼見卿記紙背文書」は草稿作成者の注記のあるもののみ示した。

一、本文以外の部分は、その位置に從つて（上書）（端裏上書）等と傍注し、「　」を以て括つた。封目は必要に應じて（切封墨引）（捻封墨引）を以てこれを示した。ただし「兼見卿記紙背文書」は（墨引）とした。

一、校訂者の加へた按文には○を冠した。

一、複數の文書が存する場合は、實線でそれぞれの區切りを示した。

一、「兼見卿記紙背文書」草稿作成者の付した按文は適宜これを存し、〈　〉を以て括つた。

一、判讀の困難な文字は☒を以つて示した。

一、吉田兼見は、天正十四年「兼和」より改名するが、本稿では便宜、「兼見」で統一した。

一、その他の事項は概ねこれまでの凡例に從ふ。

一、「兼見卿記紙背文書」のうち、一號より三五號は東京大學史料編纂所所藏謄寫本「兼見卿記紙背文書草稿」（請求記號二〇七一・〇七―一〇）を、三六號より六九號は「兼見卿記紙背文書」（請求記號二〇七一・〇七―九）を底本とした。本史料は『兼見卿記』元龜元年～四年記の紙背文書を翻刻筆記した草稿である。昭和十三年、史料編纂所において同記の影寫本を作成した際に、あはせて作成したと推測される。詳しくは金子拓・遠藤珠紀「『兼見卿記』自元龜元年至四年記紙背文書」（『東京大學史料編纂所研究成果報告二〇一一―三　目錄學の構築と古典學の再生　最終年度研究成果報告書』二〇一二年、研究代表者　田島公）を參照されたい。年代が判明するものは天正七年から九年である。

一、「豐國社社務職雜記」は、豐國神社所藏の吉田兼見自筆の慶長十五年の日記である（所藏番號　第二號）。冊子体で、紙背文書三十五点が確認される。紙背文書の多くは吉田兼見宛で、年代が判明するものは慶長十四年である。

一、『諸事書拔』は國學院大學圖書館宮地直一コレクションに含まれる史料（目錄番號B一―3ｅ　一八二九）で、吉田兼見が自筆で記した神道書である。吉田神道に關はる祭祀・教理・諸神についての覺書が記されてゐる。紙背文書を二十五点有し、年次の確認できるものは天正六年の書狀である。詳しくは金子拓・遠藤珠紀「國學院大學宮地直一コレクション『諸事書拔』・同紙背文書」（『國學院大學　校史・學術資産研究』七、二〇一五年）を參照されたい。また本記には合點・朱合點・朱線などが附されてゐるが、概ねこれを略した。

兼見卿記紙背文書

〔東京大學史料編纂所所藏〕

一　吉田兼見書狀土代カ

○元龜元年自六月一日至七月四日條紙背

補任を貸す

御札拜見、本望存候、仍補任之儀承候、不苦儀候之間、卒度御寫可被成候、昨日者一謂之御理之躰迄候、被懸御目候間之儀候間、御これ事に申入候、折節客來御座候間、以他筆令申候、慮外可

○一三號・三二號・五六號文書にも補任類の書寫のことが見える。

二　某書狀

○元龜元年自七月五日至八月四日條紙背

連〻御所望之事、無別儀之由、千秋万歳珍重候、我等一身滿足此事候、少客來候間、

一筆申入候、かしく、

特進等に就き問はる

御状披見申候、特進ハ正二位唐名、黄門ハ中納言ノ唐名ニテ候、一代職事、不存知候、何ニて引候ハヽ、みえ可申候へ共、御いそきにて候まゝ、如此候、御前役送同前候、折節内府も此方ニテ、内々得其意候つる、

「（上書）
吉右衞殿（吉田兼見）　□」

三　吉田兼見書状土代　○元龜元年自八月七日至二十四日條紙背

安土よりの文

あつちよりの文、くはしく見まいらせ候、いせんの御はらいとゝき候、御うれしくおもひまいらせ候なんと、けにやすき御事にて候、御しんく＼のよし候まゝ、御きたうの御はらいなと御ちやうたい候はゝ、神たんにてきねん申まい

四　山岡景隆書状　○元龜元年自八月二十五日至三十日條紙背　（折紙）

童子の面の貸与を謝す
太皷の書物

童子之面、態持被下候、忝存候、寫申、軈而返進可申候、御隙之砌、不斗被懸御意候者、此方之面共、懸御目度候、先日者參、種〻御造作に罷成候、將亦太皷之書物之事、是非共被急候而、可被下候、只今被仰越候舞曲之□（一行綴目ニアリテ見ヘス）□無御扶持之儀候、隨而申入間之儀者、心得存候、軈而自是可申入候、吳〻此御使目藥遣候□之藥にて無之候間、本腹（復）有式候、先當座之痛者、可相□藥候、はや日暮□とて、御使急候間、具不申入候、先〻不急之儀、一着候而、公私大慶候、恐惶謹言、

（天正七年）十月十六日　（山岡）景隆（花押影）

山美作守

（墨引）

（綴目ニテ見ヘズ）□

○天正七年、兼見、山岡景隆に太皷之元起を傳授（『兼見卿記』十二月二十九日條。以下『兼見卿記』は日條のみを示す）。この傳授に關しては五號・一二號・三一號文書も參照。

五　山岡景隆書狀　○元龜元年自九月一日至十七日條紙背　（折紙）

童子の面の貸與を請ふ

太皷の一義

先日者致祇候候處に、種ゝ御造作御馳走忝存候、先之童子之面、少間借用申度候、うつして、軈而返進可申候、此方之面も、何成共御意次第に可進候、うつさせられ候へく候、次先日御物語被成候太皷之一儀□（二行綴目ニテ見ヘズ）申請度候、いかゝ可御座候哉、御手間入儀者、追而取に可參候、次に一日之有增申入儀を奉賴存候、追而身ふれの物調法仕候て、可參候、恐惶謹言、

（天正七年）十月十三日　（山岡）景隆（花押）

（墨引）〈綴目ニテ見ヘス〉□　山作

○天正七年、兼見、山岡景隆に太皷之元起を傳授（十二月二十九日條）。この傳授に關しては四號・一二號・三一號文書も參照。

六　佐竹信世書狀　○元龜元年自九月十九日至二十四日條紙背　（折紙）

尙ゝ、御神事之砌、以參拜可申承候、已上、

佐竹信世兼治に馬を牽き進む

從侍公(吉田兼治)馬之儀御所望之處、只今牽候て參候、御氣入間敷候へとも、承儀候条、不及是非候、何樣不圖致祗候、可申承候、恐惶謹言、

佐々(佐竹左近允)
信世(花押)

八月廿日(天正七年)

吉右樣(吉田兼見)まいる

○天正七年八月、佐竹信世の馬と侍従兼治の馬を引替へる（二十日條）。

七　丹波國吉田社領覺　○元龜元年自十月一日至十一月十一日條紙背

餘部村石田庄
犬飼村時安名

覺

一、桑田郡(丹波)之内　餘部村石田庄參拾(石脱カ)計、
犬飼村時安名、十五石計、代五貫文、

○丹波國の吉田社領について尋ねたことに對する惟任光秀家臣曾我隱岐守よりの注文（天正五年九月十六日條）。

八　佐竹信世書状　○元龜元年自十一月十三日至十六日條紙背

信世兼治より鞍を借用す

鞍之儀申請、祝着候、則持返進候、將又御約束之鷄、此者に給候者、可爲喜悦候、其方之隙に与風光臨奉待存候、かしく、

自是
佐ゝ(佐竹左近允信世)

(吉田兼治)吉侍樣まいる

○一〇號文書と關連か。

九　佐竹信世書状　○元龜元年自十一月十七日至二十三日條紙背

信世馬を牽き進む

一捻之躰恐候、

只今馬牽參候、御意に者入間敷かと存候へ共、御所望候間、不及是非候、何樣不圖以參拜可申入候、恐惶謹言、

(天正七年)八月廿日　(佐竹)信世(花押)

より

吉侍《(吉田兼治)》様まいる　人々御中　　佐々

○天正七年八月、佐竹信世の馬と侍従兼治の馬を引替へる（二十日條）。

一〇　佐竹信世書状　○元龜元年自十一月二十四日至二十七日條紙背

又、右衛門督《(吉田兼見)》殿へ以別紙可申入候へ共、御心得候て、御申候へく候、次御約束之鶏、
　此者可被下候、待存候、已上、

信世辰に就き侘言を申す

一昨日者參候て、御心も不存、辰事御侘言申候之處、御同心、外聞と申、於我等祝着候、
向後者弥々可御目下候、將又御約束申候鞍・皆具・ふさしりかい可預借候、爲其一筆申
候、恐惶謹言、

　八月十四日　　信《(佐竹)》世

佐々

(墨引)　吉侍《(吉田兼治)》様まいる　人々御中　　信世

○八號文書と關連か。また「辰」についての取り成しは一七號文書にも見える。

一一　某書狀　○元龜元年自十二月一日至四日條紙背

芳札披見、仍昨夜參候へ共、機嫌能候、前へも不罷出間、不及沙汰候、今日又可參之間、法印可申談候、聊不可有疎意候、猶期見參之時候、かしく、

一二　山岡景隆書狀　○元龜元年十二月五日條紙背

山岡景隆書物出來を悦ぶ

御札畏存候、仍御書物漸出來申由、大慶に候、一時も急申度候、命も不存候へ者、朝ゝ見まいらせ聞にて候、爲志候、御仕立被成候者、參申候、御傳之程奉賴候、仍☒☒事候間、一筆進之候、恐惶謹言、

（天正七年）十一月十七日　（山岡）景隆（花押）

（吉田兼見）吉右樣人ゝ御中

○天正七年、兼見、山岡景隆に太鼓之元起を傳授（十二月二十九日條）。この傳授に關しては四號・五號・三一號文書も參照。

一三　日野輝資書狀　○元龜元年自十二月九日至十八日條紙背

有芳面候、何樣以面謁旁〻可申述候、返〻不苦儀候間、如何樣にも御寫あるへく候、かしく、

則刻

（墨引）

（上書）「吉田殿（兼見）　輝資（日野）」

○兼見、日野輝資の『公卿補任』書寫のことが天正八年二月に見える（四日・二十二日・二十三日條）。一號・三二號・五六號文書も補任類書寫のことに關はる。

一四　貞久書状　○元龜元年自十二月十九日至二十二日條紙背　（折紙）

尚々、只今の御酒者、酒一升か米二升仕由候、半分もたらす候間、調不申候、非疎略候、少たらす候はゝ□候て成とも、調候へ共、多分に□候間、不及是非候□□〈旨カ〉御心得候て□申肝要候、

平野酒

於平野御酒之儀、倉橋音〈マヽ〉十郎方へ談合申候處、御樽三荷とても八木壹斗五升餘、御酒之儀も三荷には三斗入可申候、さ樣候へ者、此米五斗餘□□〈入　候カ〉米七斗はかり之事候、御下行之分にて者、中〳〵不調儀候、中之御酒者、一本充か米一升七八合仕由候、次之御酒者□〈二行綴目ニテ見ヘス〉惡候、何にも御下行分者、なにもたらす候、委細倉橋方可被申入候之間、不能一二候、恐々謹言、

十二月九日　　左馬允

貞久（花押）

鈴鹿小十郎殿御宿所

人夫をして花園に唐物を持たせしむ

一五　某書状　○元龜元年自十二月二十三日至二十七日條紙背　（折紙）

□ちかへり思ひまいらせ候はんと□候へとも□し御とめ候まゝ□今かへり□へく候、こしは□まいり候かち□かへり候はんまゝ□しは御をきまいらせ候けん□（綴目ニテ見ヘス）又人夫にから物一かもたせ給候へ、はなそのへやりまいらせ候、その人夫にきかへもたせ、かへりまいらせ候まゝ、いそき給候へく候、□（綴目ニテ見ヘス）□ふちを御たき候はんをり□返〻□□く御もしに□くの□り□まいり□にて候□（綴目ニテ見ヘス）候はゝ、ちと御いて候へかしとの御事にて候、返くむかい参候て給候へく候、なをかへり候て、申うけ候へく候、かしく、

一六　明智秀慶書状　○元龜元年自十二月二十八日至三十日條紙背　（折紙）

猶〻、昨日者御放、祝着令存候□殿御留、祝着に存候□可有御歸宅候□雨ふり候者□御機遣有□しく候、又爰許□事、御感被成候事□此事候、以上、

□是こそ以使者可□入候之處、爲御礼□□札、過分至極に候□□も在之間、散□致抑留、依之□風情も御殘多□候、却而致迷惑候□□以面拜旁可申入候、□〔恐〕惶謹言、

□二月四日　　明出（明智出羽守）

秀慶（花押）

一七　佐竹信世カ書状　〇元龜二年自正月一日至十日條紙背

なを〳〵、御返事候、御同心之通待存計候、已上、

昨日申入候辰事、此方居申候て、いくゑも御わひこと申候てくれ候へと申て候、此度者御同心候者、於我等可畏存候、尤參可申候へとも、藥師所へ參候間、無其儀候、御報により是非共致祇候、侘言可申覺語〔悟〕にて候、爲其一筆申入候、かしく、

辰是方に有り

〇「辰」についての取り成しは一〇號文書にも見える。同じ案件であれば、本文書も一〇號文書に先立つ佐竹信世からの書状と推測される。

慈照院の者淨土寺内田地を買得す
徳政

一八　某書状　○元亀二年自正月十一日至十九日條紙背

一昨日は御ねんころの御ふみ、御うれしくおもひまいらせ候、ことに〳〵見事のまや□
□一こ給候、こゝほとに□見まいらせ候はす候、御さい□御事に候まゝ、めし
□□□□□おほしめしより、返〻くわふんにそんし候、昨日まいるよし申入候へとも、
御るす、たれも御入候は□まかりかへり候、まつ〳〵上さま□御そせうの事、御ついて
もな□□そつしには申入かたく□よし、もつともにて候、

一九　吉田兼見書状土代カ　○元亀二年自正月二十一日至二十九日條紙背

度〻申候淨土寺之内田地之事、相國寺慈照院之門徒買徳仕候、今度徳政に可押取之由百
姓□申候

御懸の松の徴發
東寺竝に相國寺より一本充徴す

二〇　某書状　○元龜二年自二月一日至十九日條紙背　（折紙）

芳札披閲候、仍御懸之松之事、當山在之は、可渡進上之旨仰候、内々被見置候哉、當山には且以無之候、然共被下御使、重而可被見候□今度愚庭に植候者、東寺にて一本、相國寺にて一本所望候而、植申候、卒爾には希なるかと存候、何も御使次第相添、我等者みせ候而、御用若□令祝着候、喜介《（鈴鹿）》殿□□候、御披露候哉□□事御座候ましく候□□畏入候、

誠仁親王移徙

二一　吉田兼見書状土代　○元龜二年自二月二十日至十一月二十八日條紙背　（折紙）

内々申入間之義、定而不可有御如在候、明日十九、御方御所《（誠仁親王）》被移御殿旨、勸修寺《（晴豐）》被申候、同者致御供候樣にと勸内證候、叡慮弥無御別義候、然共尋上義候事、不合自由候而、其段分別仕候、昨日近衛《（前久）》殿令祇候候、法印《（松井友閑）》被仰出次第可有御申之間、不可有油斷候へ共、此刻偏頼存計候、若遅々候へは、外聞候間、一切御沙汰無用候、此書状見申可被

○天正七年十一月、兼見殿上を許される（十五日～二十二日條）。誠仁親王は同二十二日に二條御所へ移徙し、兼見は供奉を命じられる（『兼見卿記』、『御湯殿の上の日記』同日條）。これらより本文書は天正七年十一月十八日の書狀案と推測される。

二二　明智秀慶書狀（折紙）　○元龜二年十二月十六日條紙背

秀慶安土にて越年せんとす

□以來不申承候□用之子細候而□日坂本へ罷□候へは、上樣（織田信長）へ□與力向州（惟任光秀）被□達、從廿八日安□〔土〕罷越、致越年候□春者早〻以參□可申入候、罷下候□時分柄、迷惑□（綴目ニテ見ヘス）坂物を添申候、春虎へも音信可申覺悟候、心底可有御推量候、恐惶謹言、

明出（明智出羽守）

十二月廿六日　秀慶（花押影）

吉右（吉田兼見）人〻御中

二三　吉田兼見書状土代カ　○元亀二年自十二月十八日至二十九日條紙背

金子一兩の返弁を求む

兼右存命時に賣却せる田地

〔一行分綴目ニテ見ヘス〕承候に、然處今田地之出入とうけ給候、随而金子之事も貴院既
□候て□身□被出候て□□合候キ、借方之事も
昨日御状、夜に入罷歸、披見申候、抑ゝ先年金子之殘壹兩、以御次可返給之由□處、不
寄存知田地之事承候、驚存候、此田地は故二位（吉田兼右）存命之時之事候、貴院之田地ならは、何
とて賣遣候時、御□無之候哉、逝去以後我等方へ御理之由、當社不存候、近比をつかけ
たる□されやう、御間には不似合申候を、壹兩之□事は少之事候、それを御返弁候まし
きため、且以不存義を承、其替なとゝは、御分別御しかたに候哉、殊善能寺之〔綴目ニテ見ヘス〕

○故二位は兼見の父兼右。元亀四年死去。

二四　明智秀慶書状　○元亀三年自正月一日至十三日條紙背　（折紙）

倚爐の禮を申す

幸便之候間、乍次如此候、以上、

□日者倚爐□被入御精、早□出來、畏悦存候□刻御報可□を、何かと打過□本意存候、

就其□間之儀、可持遣候□案内に候之条、預□度候、御左右次第□進候、次昨日（一脱カ）段御機

嫌にて、仕合能、大慶に存候、夜前者京に致滯留、只今罷歸候、如何様二三日中に御光

丹波より到來せる無鹽の物を贈る

儀所仰候、從丹波無鹽之物到來候間、振舞可申候、必御出待存候、恐々謹言、

霜月六日　　明出（明智出羽守）

秀慶（花押）

吉右衞（吉田兼見）　貴報

二五　小野盛治書狀　○元龜三年自正月十四日至二十一日條紙背　（折紙）

織田信長鷹狩

近衞前久明智秀慶第に御成す

先度御尊書□戴忝存候、誠□（一カ）日之御內存□別一段被致□（滿カ）足候、其以後□參上可得貴□之

處、菟角罷□背本意候□日上様（織田信長）御鷹上候、御氣色一段可然、大慶被申候事候、無是非候、

又近衞（前久）殿様羽州（明智秀慶）に被成、御膳進上候、暮候而御還御候、猶追々可得尊意候、恐々謹言、

小野右京進

盛治（花押）

（天正七年カ）十一月十二日

与次殿

○小野盛治は明智秀慶配下。二九號文書も參照。與次は吉田兼見小姓（天正七年二月二十二日條等）。信長は、天正七年十一月七日～十日に東山で放鷹してゐる（『信長記』『兼見卿記』）。本文書はこの時期のものか。

二六　吉田兼見書狀土代　○元龜三年自正月二十二日至二十五日條紙背

中村松千世より音信あり

猶〻、精誠之御音信、御はつかしく候、爰元御用之義、不置御心、何時も可預示候

□代殿未□在陣之由候間□祈念［　　］

御狀一〻披見候□（御カ）祝之御祈禱、松千世（中村）殿より御音信、不相替目出存候、則御祓進之候、可有御□（頂カ）戴候、御願成就勿論候、毎朝祈念之義、於神壇更無懈怠候、

□物肩衣請取申候、五月之撫物進之候、則可有御着用候、

□御祈禱料金子一包、如御狀請取申候、年中度〻之儀候間、此義者斟酌雖毎度申候、如

此之儀候、向後能々御理所仰候、隨而栗子一折・松茸一籠・熨斗□百本、種々御懇志祝着候、乍去切々御音信御造作、却而以御迷惑候、就中

二七 某書狀 ○元龜三年自正月二十六日至閏正月一日條紙背

返々、御くすり難申盡候、今日付候て、若いまくは能候はすは、近衛〈前久〉殿右馬允□賴可申候、

御札本望存候、仍にもし御藥之儀、早々持給候、祝着□〈存カ〉候、一段御精に入候事候□我久次郎女房衆にと候□相屆申候、聽而能事仕□昨日御言傳承候間、自是此□〈方カ〉取可進之處、御懇之至候、御藥付候而、御左右可申入候、かしく、

清目

〈上書〉「　　〈綴目ニテ不明〉□　　」

二八　吉田兼見書状土代　○元龜三年自閏正月二日至十七日條紙背　（折紙）

□章披見候處□□饋給候□而庭前之□□一段芳志〻〻□少實玉、今日□□板亙之詠□見
候、以推擧□□題添氣味候□州御出陣之由候

二九　明智秀慶書状　○元龜三年自閏正月十八日至二十九日條紙背　（折紙）

小右（小野盛治）へ申付候、御懇慮忝存候之由候□に御用者可承候心候、
□札拝見申候、如仰□□貴邊御神□□珍重存候、方〻□に御□候はん候之間□□致□候
はん之条□酌可申候へ共□□可申候、殿様（惟任光秀）御□□に付而、南方へ□□勢之由、爰許へも
□聞候、就其御參□（二行綴目ニテ見ヘス）被疵候て、此間馬乗不申候、明日吉日に候之間、乗初
仕候て、馬かけにて晩ふと可參候、其刻以拝面可申承候、恐惶謹言、

（天正七年カ）八月廿三日　明出（明智出羽守）
秀慶（花押）

惟任光秀南方出陣

吉右（吉田兼見）　貴報

○明智秀慶は、天正七年、丹波八上城攻めで負傷した（六月一日條）。八月二十五日には、兼見邸から帰宅する記事が見え、この頃のものかと推測される（同日條）。小野盛治は秀慶配下。二五號文書も參照。

三〇　吉田兼見書狀土代　○元龜三年自二月一日至九日條紙背　（折紙）

丹後下向
信長近く上洛あり

□札尤本望候□洛之由候間、昨日□者申候、安土へ村□使御下向、今日□御在所御上□
又丹後へ□下向之由御辛□中〻難測候□彼御滞留中□□可罷下心中候□上様（織田信長）近〻御上
□と申候、然者［　　　］（一行綴目見ヘス）丹後へ御下向候者、此砌者難成候哉、丹波御歸陣之刻、
卽可罷越候、御在所へ之便宜御しらせ頼存候、將又被懸小屋候由、御造作察申候、然者
竹之事當所

○織田信長による丹波・丹後攻めの行はれている天正七年ごろか。惟任光秀は四月四日付の書狀で、丹波八木城攻略について知らせ、陷落次第丹後に攻め入ると述べてゐる（奥野高廣編『增訂織田信長文書の研究』補遺一九九號）。また信長は六月二十日ごろ上洛してゐる（『多聞院日記』）。これらより同年六月上旬ごろかと推測される。光秀宛か。

三一　某書状　○元龜三年自二月十日至十九日條紙背

又、太鼓之留出來候、懸御目度候、何も以參可申候、將又管曲事、火急に御きわめ可然候□そく候ては如何に存候、定少候へは□申まかのするにて候、御狀本望存候、仍なま物之儀承候、八幡之旁〻相尋申候へ共、無之候、今少をそく候て無曲候、只今親候者他所へ遣候由候、少〻をそく候て、無念〻〻此事候、かしく、

（上書）
「　　　　自是
（綴目ニテ見ヘス）□　」

太鼓の留

○天正七年、兼見、山岡景隆に太鼓之元起を傳授（十二月二十九日條）。この傳授に關しては四號・五號・一二號文書も參照。

三二　吉田兼見書狀土代カ　○元龜三年自二月二十日至三月四日條紙背

補歴の貸與を謝す

昨夕補歴之儀申入候處、卽被借下候、畏存候、御祕本之由無案内候而、卒爾申入候、一段迷惑仕候、然者書寫仕候義、如何可有御座候哉、神以未染禿筆、先御御〔得カ〕意候、若於御許容者、書立申度候、返〻不測御氣色、無所存之至候、尊免候

○補任類書寫のことは一號・一三號・五六號文書にも見える。

三三　滿田家久書狀　○元龜三年自三月五日至二十一日條紙背

〈前闕〉

外池五介女房衆より錢を贈らる

一、外池五介女房衆より鳥目五十疋被參候、表祝儀被申候、五月には御祓被下候、忝存之由、相意得可申上之由候、最前之撫物、此者に渡し可被下候、万吉追而可得尊意候、恐惶謹言、

十月一日　　　　　　　　家久〔滿田〕(花押)

「〔上書〕(墨引)　〈綴目見ヘス〉　　　　　　滿田九郎左衞門尉　」

○満田家久が、外池彌七女房を通して兼見に祓等を依頼している記事は、『兼見卿記』中に數回見える（天正六年正月二十三日條・同七年正月二十一日條・同九年五月二十二日條等）。

三四　吉田兼見書狀土代カ　○元龜三年自三月二十二日至四月三日條紙背

今度者內驗者給候、一段大慶候、時分柄いそかはしく御入候はんするに、喜悅候、田地樣躰、未事すみかたく候、何も此者に內儀御尋候て可給候、返ゝ長ゝ申請、喜悅候、猶以面可申候也、かしく

田地の事未だ濟まず

三五　佐竹信世書狀　○元龜三年自四月九日至二十三日條紙背

猶ゝ、ふきいたの儀、可得御意候處、失念仕候、令迷惑候□程、我等申候よりも、一段くわふんに申候間、不及是非候、以上、

爲御礼御狀、過分之至令存候、昨日者遠路申入候義、令迷惑候、此方よりも以書狀御礼

秀慶明日出陣か不定

申候に、尤以參上可申入存候、自由之至、可爲御免候、隨而出羽守（明智秀慶）明日出陣不定候（綴目ニテ二行見ヘス）

後可申入旨候、猶待貴意候、恐惶謹言、

九月七日（天正七年）　　佐々（佐竹左近允）

信世（花押）

吉右樣（吉田兼見）　御報

○天正七年九月六日、兼見、佐竹信世宅の茶會に參加（同日條）。本文書と關連か。

三六　某書狀　○元龜三年自四月二十五日至五月四日條紙背

道服を賜るを謝す

何も參候て可申入候、かしく、

尊書忝存候、道服被懸御意候、段子見事にて御座候、尋候て、かやうの段子無御座候、かさめそめも御座候、やかてもたせ可參候、かしく、

（上書）「　八日　」

四辻公遠袍の貸與を請ふ

三七　四辻公遠書状　○元龜三年自五月五日至十四日條紙背

□袍之儀申入候處□給候、芳恩之至難□候、則只今返進申候□比御無心之儀、無申□□
何様期拜顏、御礼□申入候、聊取乱候条□□巨細候也、

拾月四日　　公遠（四辻）

○四辻公遠は四二號・五八號・五九號文書でも袍の借用を依頼してゐる。

光秀の用

三八　磯谷成孝書状　○元龜三年自五月十六日至二十八日條紙背　（折紙）

□候、大郎左衛門尉□事、如何様に□□申入候、仍而□□本に少造作仕候□□其御大工
大郎衛門尉□□申度候、自然□□殿様（惟任光秀）へ御用□□今明中□□候て可被下候□□可爲御芳
志候□□□中に造作（二行綴目見ヘス）□同一候、猶使者可申入候、恐惶謹言、

（天正八年カ）十一月十日　　成孝（花押）

磯新（磯谷新介）

坂本の小屋

吉右様（吉田兼見）まいる 人々御中

□□□用候共、今日明日□□に被仰付、被□□者、別而忝□□坂本之小屋□□面中
に□□事は曲事□□□申付候間□□共く□（二行トヂメ見ヘス）

○四四號文書と關連か。後二行は猶々書と推測される。坂本城では天正八年に改修が行はれていた（閏三月十三日條）。兼見は同年十一月十四日に坂本の惟任光秀を見舞つてゐる（同日條）。この時期のものか。太郎左衛門尉は吉田家出入りの大工（天正十年二月二十一日條など）。

三九　月齋宗句書狀　○元龜三年自六月一日至七月七日條紙背

小泉太郎左衛門身上の儀

□（綴目一行見ヘス）朝夕御床敷存候、此末に上洛可仕候、鮭細々たへ候、其分之御事存知出
計候、留守中万事仰（マヽ）出られ候、又孤月より先日御踞進入候、
先日喜介（鈴鹿）殿上洛之時申入候、仍太郎左衛門（小泉）身上之儀、先日申入候、与一郎（長岡忠興）別而馳走分候、
兵太（長岡藤孝カ）是又無別儀候、然八人之分彼米出候、五人へ五人にてはなるましき旨、取次之者分
別にて、此分候□（二行綴目）□此方引下□□候、自然下向候□□はゝ、豫て御□□（奉）芳賴候、

先ゝ□□も可被御心安候□□拙老今更□□遣をかけ候□□一段〳〵□□惑なんき無□計候、可有御推量候、旁重又可□入候、恐惶謹言、

（天正九年十月カ）
□月二日　　宗句（花押）

月齋

○小泉太郎左衞門は月齋宗句（俗名千秋晴季）の息（『兼見卿記別記』天正八年十二月十三日・十四日條）。長岡藤孝に仕へた（伊藤信吉「室町幕府奉公衆・熱田大宮司家一族、千秋晴季（月齋）について」『神道史研究』五八―二、二〇一〇年參照）。また父月齋は天正九年九月より梵舜とともに、丹後へ下向してゐた（九月十一日條）。本文書は丹後滯在中の同年十月二日ごろか。四七號・五五號・六二號文書參照。

四〇　秀勝書狀　○元龜三年自七月十一日至八月十一日條紙背

三入え御言傳之通、懇に可申入候、猶与風令祗候、可得貴意候間、不能一二候、恐惶謹言、

十月十二日　　秀勝（花押）

「（上書）（墨引）　吉右様（吉田兼見）□　　□」

四一　吉田兼見書状土代カ　○元龜三年自七月十三日至八月二十四日條紙背

尙〻、被寄思召御懇札、忝存候、何様近日ふと参候て、例之御物語可申入候、何事も同前に被成御推量、一笑候〳〵

内〻御床敷令存候、則預御懇札、畏入候、就其明日内裏様御能有之由、然者御見物之段、尤存候、我等内存之事候、如何様明日懸御目、令相構、御物語可申上候、將亦

明日禁裏にて御能あり

○この時期の禁中での演能は天正九年十月二日・十三日、天正十一年閏正月九日、同三月二十七日（いづれも『御湯殿の上の日記』）などが知られる。本文書は天正九年十月ごろのものか。

四二　四辻公遠書状　○元龜三年自八月二十五日至九月十二日條紙背

□へ共□存候、委曲御報、

公遠冬御袍の貸與を請ふ

□不能面談、御床□御無心之儀候□冬御袍無御指合□來二日申請度候、又□□之儀は可蒙仰候□同心者、朔日に□□猶期拜顏存候、恐々、

□月廿五日　　公遠（四辻）

○四辻公遠は三七號・五八號・五九號文書でも袍の借用を依頼してゐる。

四三　牧庵等貴書狀　○元龜三年自九月十三日至二十二日條紙背

瘧の落藥夷中衆

尙々、無心千万之義候へ共、落藥之事、今日中に奉賴候、

尤以參可申入候へ共、令啓候、仍高野の〔こ脫カ〕おりの落藥夷中衆、被承及候て、所望申度候、今日則使者被遣、被仰請候て可被下候、奉賴存候、實可爲御芳恩候、又昨日賀茂によき駒鳥二三御座候、何時も御仰□候はゝ、御供可申候、恐惶敬白、

五月二日　　等喜（花押影）

牧庵

（端裏上書）「□　□」

坂本城作事

四四　吉田兼見書狀土代カ　〇元龜三年自九月二十四日至十月八日條紙背

御狀披見候了、坂本作事被申付之由候、御造作察申候、就其太郎左衞門尉可申付之由候、爰元所〻破損候間、此間廿日被申付候へ共、未出來候、今五六日も隙入候、然者其方大急に□承候而、明日□□□

〇三八號文書と關連か。天正八年ごろか。

寒酒

四五　明智秀慶書狀　〇元龜三年自十月九日至十八日條紙背

如尊札、昨日者令參賀候之處、寒酒にて御盃を被下、可罷歸存候□種〻丁寧之御振舞思出仕候、以使者御礼可申入候を、致延引、御返事に罷成、自由に候、就中御神供被贈下候、則致頂戴候、御心誠眼前に候□□御懇祈之段□（不カ）所知謝候、尚以□顏之節御礼□申達候、恐惶謹言、

明智出羽守

秀慶（花押）

（天正九年正月）□月八日

（吉田兼見）□田左衛督殿（マヽ）　貴報

○天正九年正月七日、明智秀慶ら兼見の許を訪れる。翌八日、兼見神供を遣す（天正九年正月七日・八日條）。これらより本文書は同年正月八日の書状と推測される。

四六　某書状　○元龜三年自十月十九日至十一月七日條紙背

四十雀松茸を贈らるるを謝す

尚以、先日參候て、被下候さへ忝存候、此方迄被送候て、過分〳〵、又ふりつたり（マヽ）參物に候へ共、御菓子之御用□（讀メズ）栗進便申候、被立御用之由、畏存候、以上、

重而御報致拜見候、四十柄之儀、野鳥被取之由、近來珍候、就中松茸被懸御意候、新さ、見事さ中〳〵難盡言語候、御懇切之段忝存候、被打置、致賞翫候、將又被下折敷之儀蒙仰候、生德五枚持申候間參候、へき折敷者不審候間、不參候、

兼見好物の椎
一袋を進む

四七　飯河妙佐書状　○元龜三年自十一月十四日至十六日條紙背

尚〻、月齋にて參會申候、可有□（御）□推量候、以上、

（上部切斷）□□前神龍院（梵舜）□則捧愚札□（難捧愚存候カ）後〻床敷存候□□將又□澄永（マヽ）之臺□御礼難申□候、か樣是□承申候、はやく〳〵□不申候間、只今□進申候、去年□（綴目ニカヽル）□又此椎一袋進之候、前〻御好物に候つる間、涯分ひろい申事候、おかしく候、此きねりのしゝら一巻、人のくれ申候、めしつかい候はゝ、可爲本望候、來春罷上、積候御物語可申入候、可得御意候、恐惶謹言、

（天正九年カ）十月十一日　　　妙佐（飯河）(花押)

〔一脫カ〕兩齋

○天正九年九月より、梵舜および月齋、丹後へ下向（九月十一日條）。妙佐は俗名飯河秋共。一兩齋と號す。實は清原宣賢の男（兼見の叔父）。足利義輝、のち長岡藤孝に仕へ、長岡姓を與へられ、長岡治部少輔入道とも。能・書の名手としても知られる（高濱州賀子「飯河妙佐」『熊本縣立美術館研究紀要』三、一九八九年參照）。三九號・五五號・六二號文書參照。

四八　某勘返吉田兼見書狀　○元龜三年自十一月十七日至二十九日條紙背

相博を諾す

兼見御番の相博を依賴す

（別筆カ）「御番之儀、心得存候、以上、」

今日御番候、一兩日相煩、腹中散〻儀候、乍憚御參候て可給候哉、四少（四辻季滿）へ申候へ共、大炊（經賴）御門殿御番御申□相違候間、令啓候、賴存上候、重而何時も可承候□只今之儀賴入候、かしく、

（裏上書）「　　（別筆カ）「御方」　（綴目）□　　　（別筆カ）「上」　（綴目）□　」

○兼見よりの御番相博依賴の書狀と、それに對する了承の返事（勘返狀）か。

四九　四辻公遠書狀　○元龜三年自十一月三十日至十二月十一日條紙背

誠仁親王鞍馬參詣に就き馬を借りんとす

尙〻、被仰付候而御給候、可爲本望候、

其後者不懸御目、御床敷存候、近比御無心申事候へ共、明日御馬を申請度候、親王（誠仁親王）御方

様忍にて鞍馬へ御參詣候、兩人一人御供之者被仰出候、御在所申候て被仰付候而、借給
候者、可爲本望候、一段馬下手にて御入候間、いかにも閑間（マヽ）を借申度候、御馴々敷申事
如何なから、萬々□（綴目）□（上部切）心候者、明朝者夜中時分に候間、此旨被□（上部切）申候て可給候、
猶期面□（上部切）事、可申述候、かしく、

□八日　　　　　公遠（四辻）

吉田殿（兼見）

五〇　天正九年十七歳男子八卦覺　○元龜三年自十二月十二日至二十四日條紙背

天正九年　　八卦

☷　十七歳男子

ゆいねん（遊年）　ひつしさる、神へ參初日によし、さうさく・わたまし・かたゝかい、万にわ
ろし、

しやうけ（生氣）　うしとら、物をきそめ、手をあらい、万によし、

やうさ（養者）　みんなみ、物をくいそむるによし、万によし、
てんゐ（天醫）　たつみ、若水をとり、ちや・もち・さけ・はんくいはしめ、手をあらい、き
やうすいはしめ、よろつによし、
ふくとく（福徳）　にし、物をかいそむるによし、ありきそめ、萬によし、
御ほし　月ようしやう（曜星）
とく日（徳）　うとり、きたうによし、よろつにわろし、
小すい（衰）　六月十六日　十二月廿五日
大やく（厄）　二月十八日　七月廿二日
きたへゆかす、

〈綴目〉

○吉田兼治の八卦か。兼治は永禄八年生まれ。天正九年時には十七歳。

五一　天正九年四十六歳男子八卦覺　○元龜三年自十二月二十五日至二十六日條紙背

天正九年　　八卦

☶　四十六歳男子

ゆいねん　うしとら、神へ参初日によし、さうさく・わたまし・かたゝかい、よろつにわろし、

しやうけ　ひつしさる、物をきそめ、手をあらい、万によし、

やうさ　ひんかし、物をくいそむるによし、萬によし、

てんゐ　きた、若水をとり、ちや・もち・さけ・はんくいはしめ、手をあらい、きやうすいはしめ、

ふくとく　いぬゐ、物をかいそめ、ありきそめ、万によし、

御ほし　らこしやう（羅喉星）

とく日　うしひつし、きたうによしよし、よろつにわろし、

小すい　三月二日　四月九日　九月廿五日

大やく　四月五日　十二月十三日

みんなみへゆかす、

大わ〔く脱カ〕んをんきやう□〈綴目〉

○吉田兼見の八卦か。兼見は天文四年生。天正九年時には四十七歳。

五二　牧庵等貴書状　○元亀四年自正月一日至九日條紙背

瘧の落薬

一昨日申候瘧落薬到來候□此者被懸御意候はゝ、畏可□奉頼候、御出京折節□御
所希候、御参可申候□〔恐〕惶謹言、

卯月十三日　　等喜〈牧庵〉(花押影)

〈裏上書〉「　　牧庵　」

○四三號文書と關連か。

五三　曲直瀬道三書状　○元亀四年正月十日條紙背

〈上部切斷〉□仁和州衆候□度得御意度□候間、乍憚令□達候、可然様□取成所仰候□〔恐〕惶謹言、

翠竹庵
道三（曲直瀬）（花押）

九月十八日
□〔吉〕田殿（兼見） 人々御中

蘇香圓を所望す

五四　吉田兼見書状土代カ　○元亀四年自正月十一日至十五日条紙背

一両日中参候て、可申候、昨日勝持寺へ□参申候、かしく、
用候て罷出候、近比不在中□衆無心に候、鞍可借給候□明日長谷之祭にて、此方之
□在次第借遣候、あふみ此方に候□も不入候、くら（マヽ）　此衆可□候、はんけい可返
申候、又内々申候蘇香圓一貝□望申度候、頼存候、先日は□被参候て、遊山之由雑談候

五五　月齋宗句書状　○元亀四年自正月十六日至二月一日条紙背

（上文、綴目）□儀迄候、一段無示□（マヽ）　馬之儀も大☒（略カ）□可調申と存候、可被□不及申

候、相戸〱□すき無之候間□かしく、
□郎衛門尉（小泉太郎左衛門尉カ）其方□参芳（奉）賴に付□介殿御下□御精入、先以□所候、乍去役□うゝ
つなる申樣□明なんき仕候き□仕合にて□一郎（長岡忠興カ）馳走仕、太前調候□自父子之礼
□大慶候、然共□各わらい（綴目二行）□我〻又機遣出來、可有御推量候、將又留
守中御懇之由申下候、一段畏入候、御女房衆是又御同前之由候、万事〱弥芳（奉）賴計候、
爰許之樣躰此仁へ申候間、不能巨細候、恐惶謹言、

（天正九年カ）十月七日　宗句（花押）

（墨引）　月齋

（綴目）□

○天正九年九月より、月齋、丹後へ下向（九月十一日條）。この數年中で、その他の十月は在京してゐたやうであり、本文書もこの時の下向に關はるものであらう。三九號・四七號・六二號文書參照。

五六　吉田兼見書狀土代カ

○元龜四年自二月六日至二十二日條紙背

補任を請取る

□預芳札候へ共、令啓候□册補任二、請取申候、早々□來申候、入御精候事候、此間□社普請申付、不罷出候、□日中以面謁心中期入候、かしく

五七　北小路俊孝書狀　○元龜四年自二月二十三日至三月六日條紙背

庭の植木の爲小松を所望す

尚以、小松義奉賴候、以上、

今朝者被入御精御使過當之至、昨夜之趣、尊貞へ能々可被仰渡事、専一存候、我等も懇に可申候、將亦近比不謂御無心之儀に候へ共、庭に植申□〈綴目二行〉□承及候へ共、近所に御座候間、先申候、於御同心者、滿□〈切斷〉□可仕候、猶期參□旁可申入候、恐惶謹言、

北形〈刑カ〉〈北小路刑部少輔〉
俊孝（花押影）

□月晦日

□右兵樣〈吉田兼見〉　人々御中

○北小路刑部少輔俊孝は近衞家家司（天正九年八月十九日條など）。

公遠袍の貸與を請ふ

五八　四辻公遠書狀　○元龜四年自三月八日至二十一日條紙背

□日參、種〻御□之儀共、難申盡候□約束申候御袍取遣之候□に渡給候者、可爲□御無心之儀候へ共□存候、猶期面謁、万〻□述候也、

□月一日　　（四辻）公遠

○四辻公遠は三七號・四二號・五九號文書でも袍の借用を依頼してゐる。

公遠兼治の夏袍竝に指貫の貸與を請ふ

五九　四辻公遠書狀　○元龜四年自三月二十二日至二十九日條紙背

□の中へ憑申候有持（マヽ）□さしあい候はゝ、御直衣□申候、何も〳〵宮□可令喜悅候、以上、

□不能拜面候、御□敷存候、仍無心之□候へ共、侍從殿（吉田兼治）夏□同指貫借申度候□所へ申候へは、俄相違□候間、萬〻奉憑存候□明日之間申請度候□同心者、此者渡可□者可爲祝着候、猶期□謁可申述候也、不宣、

□(八月カ)廿九日　　　　公遠(四辻)

○天正九年八月二十九日、四辻公遠より、吉田兼治の夏袍・指貫の借用を求める書狀が到來した（同日條）。本文書がその書狀に該當するか。公遠は三七號・四二號・五八號文書でも袍の借用を依賴してゐる。

六〇　吉田兼見書狀土代カ　○元龜四年自三月三十日至四月一日條紙背

勸修寺晴豐に祗候を求められる

尚〻、昨日者御雜談申承候而、令祝着候、尚以參上□申入候□かせ候□廿七日には□候之条、廿八日には□參之由被申候□(マヽ)間、以上、

昨日者申承、本望之至存計候、將亦勸中納言(勸修寺晴豐)廿七日に可爲祗候之由にて候へ共、ちやのゆ之順御座候間□ならすく、廿八日に可參候、

○兼見は天正十年ごろから、弟梵舜らと順次茶會を行つてゐた（谷端昭夫『公家茶道の研究』思文閣出版、二〇〇五年參照）。

六一　明智秀慶書狀　○元龜四年自四月二日至四日條紙背

松茸を贈らるるを謝す

松茸か樣に被下候事、一世之初にて御座候、中〳〵書中に不得申候、申ても〳〵忝
次第に候、以上、

昨日參、種〻御懇之儀共、忝存候、殊更多人數にて留申候、旁御雜作難申盡存候、罷歸候
刻、御あい候て可申入候へ共、御前に御座候つる間、無其儀候、將亦□〈綴目〉御茶七す□
入候て給申候へ共□當不申候□等式申事者□如何候、一段□其外殘所者□座候、尙
期來□恐惶謹言、

□月廿二日　　秀慶（明智）（花押）

（上書）「　□〈綴目〉　明出　」

○六三號文書と關連か。

梵舜への馳走不十分なるを詫ぶ

六二　飯河妙佐書状　○元龜四年自四月五日至七日條紙背

以上、

得幸便令啓達候、神龍院（梵舜）適御下向之處に、何之馳走不申候、時分取乱、御心靜に申承儀さへ無之、旁以御殘多次第候、來春者不圖罷上、可得御意候、恐惶謹言、

（天正九年）九月廿一日　　（飯河）妙佐（花押影）

（吉田兼見）右公　人々御中

（上書）「（一脱カ）兩齋　」

○天正九年九月より、梵舜および月齋は、丹後へ下向してゐた（十一日條）。三九號・四七號・五五號文書參照。

六三　明智秀慶書状　○元龜四年自四月八日至十四日條紙背

松茸の事

御懇之儀共候、以上、

如仰、先日者被成光儀候處、何之興不申入、御殘多存候、仍松茸之事承候、又出來申之

堀秀政

由、重寶成御事、廿日廿十日（マヽ）比可参之由承候、廿日に者出行始候、一日に者参、山之儀およひ無御座候、珍物□可被下候、未足をうち不申候へ共、御懇志之儀（綴目）□れ、堀久（秀政）すへられ候、二郡之儀者申もく□ひもなく、敵一段つ□く候て、不及御行由候□一宮悉放火に被□不思儀奇特共被□之由申候、猶以面拝□申入候、恐惶謹言、

（天正九年九月）□月十六日　　秀慶（花押）

明出（明智出羽守）

○天正九年九月、堀秀政、長濱城主に。また織田信長による伊賀攻めが行はれ、同月十日には、伊賀一宮敢國神社が放火された。本文書はこの時期のものと推測される。六一號文書と關連か。

六四　惟任光秀書狀　○元龜四年自四月十六日至二十八日條紙背

光秀因幡表出陣

爲音信鮎廿一、到來、喜悦候、一段見事候、驚目候、則賞翫之事候、仍腫物未平癒候、無御心元候、因州表不日可爲出陣候、彼國へ注進相待事候、無油斷御養生簡要候、我〻は自是直に出陣之覺悟候、各此旨（綴目）□

日向守

光秀(惟任)(花押)

□(天正九年八月カ)廿二日

□〔明　智〕出羽守殿(秀慶)　御返報

○天正九年九月ごろ、明智秀慶は腫物を煩つてゐた（十二日條）。また同年八月、織田信長は惟任光秀に因幡鳥取攻め出陣を命じた（『信長記』）。本文書はこの時期のものと推測される。

六五　吉田兼見書狀土代カ

○元龜四年自五月一日至二十八日條紙背

尙〻、御隙候はゝ、御出京待存候、かしく、

御懇札本望存候、如仰、此間者御疎遠至存候、先日は御出不存候、無念候、仍見事□く
ち一ふた送給候、過分至極候、爰許初に候、うちおかす賞翫□申候、昨日はしゝまい・
やゝこおとり□候つるに、無光儀候、何も□迄可申述候、かしく

獅子舞
稚兒躍

六六　書付表書　○元龜四年自六月二十九日至七月八日條紙背

太神宮　御師北新左衛門尉

○天正八年十月四日條に伊勢北新左衛門尉から書状が届いたことが見える。北新左衛門尉は、天正十五年没とされる北延親か（『京都大學文學部博物館の古文書7　伊勢御師と來田文書』思文閣出版、一九九〇年參照）。

六七　吉田兼見書狀土代カ　○元龜四年自七月九日至十六日條紙背

急書中如何候哉、かしく、

腫物少驗す

御札過分至極候、拙者腫物少驗に御座候間□御心安候、高倉殿へ□□相心得申候、頓而人遣可申入候、委細申入度□へ共、取乱義御座候て□筆申入候、何も懸御目□可得御意候、かしく

千座祓等を進む

六八　某書狀　○元龜四年自七月十七日至二十四日條紙背

畏言上　抑

爲御祈禱、千座御祓太麻幷御產進上仕候、誠以奉表御祝儀候、弥於神前長久□意安全之御祈念可奉抽精誠候、此旨宜得御意候、恐惶謹言、

九月吉日　常親（マヽ）（花押影）

（宛名綴目ニカヽル）□

六九　吉田兼見書狀土代　○元龜四年七月二十四日條紙背

（上部切斷）□先者於禁中懸御目、□幸不淺存候、仍一儀爲御家門樣（近衛前久）被達□聞相濟申候樣承候□慶不過之候、其迄得御意儀候儘、早速被致祗候候心中御座候、最前之筋目先ゝ樣（綴目）□

尙ゝ、御家門樣へ於御祗候者、御取合賴入存候、万ゝ□指南□所希存候、已上、

豊國社社務職雑記紙背文書

〔豊國神社所藏〕

北野詣

一　某書状　○表紙見返紙背　（折紙）

きたのへまいりきねん申候て、けかう《（下向）》申候へく候、くわんしゆ《（巻数）》・あらよね《（洗米）》まいり候、御いたゝき候へく候、まつ／＼あすまいり候へとのよし、心へまいらせ候、むかいしたいまいり候へく候、御みつ《（満）》もしはあすはきやく《（客）》人候まゝ、まいり候ましきとのよし候、まつ／＼こしかき《（輿舁）》□いまいり候御事にて候、こしかきも給候へく候、まち／＼申候へく候、いちかき《（一書）》申候へく候□まいり候て申へく候、めてたくかしく、

「（上書）

□まへまいる　　より

か」

玄猪

二　滿書狀　○慶長十五年正月三日條ヵ紙背　（折紙）

文かたしけなく思ひまいらせ候、御けんせう（玄猪）廿七日にいつものことく申いたし候て、御おき候へとも、あのとの（阿野實顕）それより□御□に御いて候て、御わすれ候よし、たゝいま御はん（番）より御かへり候てもたせ候て、しん上申候へと御申おりふしにて候□御いたゝきなされ候へく候、くれ〱けさは□候て□け□さ□候へく候

□てたく□

（上書）「御てもしさま　　より　　みつ
□　」

三　滿書狀　○自正月一日至二日條紙背　（折紙）

□あすちうつかいたき事御さ候へとも、しかたなく御入候ゆへ、申あけ□

満兼見に料足を借りんとす

御あし□くたけにても五百にても□たされたく、かたしけなく思ひまいらせ候へく候、さい〳〵御むしんはかり申入まいらせ候て、めいわくに思ひまいらせ候へとも、たのみ〳〵入まいらせ候、めてたく又ゝかしく、

このほとは久しく文にても申入まいらせ候はて、ふさた（無沙汰）申まいらせ候、この一ちうおりふしみへ候まゝ□いよ〳〵御たしや候や、こゝほとにもなに事も御さなく候、又〳〵ちかころ御むしんなる申事なから、申あけまいらせ候、めてたくかしく、

（上書）「御てもしさま　みつ　」

散籾の禮

四　某書状　○自正月三日至五日條紙背　（折紙）

□うちまき（散籾）御うれしく候へく候、めてたく□まいらせ候□かき□んには□ましき□りの□よし□にも□ましき□まいらせ候□りや

□

□ちまきの事□とつ候、はや〳〵と□御うれしく候へく候□りへやり候へく候□ち

稚兒振舞

やりつる、むかいの事、さきに申□とく、こなたも□ひく〳〵しく候まゝ□り御よひ候
ましく候□な御いり候はすは□る〳〵候はんまゝ□又たゝいまこそてまいらせ
候、又ちこふるまい（稚兒振舞）の事申候つる、おとゝのへたのみ〳〵申候へく候、
（上書）「　　　　　より
御返事まいる　　　　　か　」

吉田郷檢地
神龍院の指出

五　神龍院梵舜書狀（折紙）○自正月五日至十一日條紙背

□則窪方ヨリ狀御目ニカケ候、吳〻當鄕檢地も今日打申候由候□去
□も□存候□前ヨリ仰付候義候□
態申上候、西院之□窪方ヨリ如此申來候、百姓前如何□入候哉、時分之事候間、自其被
成御急義□用候、次當鄕領內檢地、今日ヨリ田地打申由候、當院（神龍院）之指出ナトモ切〻申來
候□申付候、シカ〳〵敷□無之候、滯留□御用之義御座候者可仰下候、何時
も可參上候、先其許ニテ御沙汰モ御無用候、猶以參上可申入候、かしく、

十月廿四日　　（神龍院）梵舜（花押）

新七殿

六　某書状　○自正月十一日至十八日條紙背　（折紙）

人をそへうちまき給候□うれしく思ひまいらせ候□〔め〕てたくいく久しく□はゐ〱入まいらせ候、やかて□かへりまち候へく候、いそき□□□□てたく又〻かしく、

（上書）「　　　　　より

御返事まいる　　　　　　か　」

七　某書状　○自正月十九日至二十五日條紙背　（折紙）

□□□いそき下候へと御申候へく候、返〻、あすはまいり候ましく候□もしのこなたには一人給り候、五人にてもよく候へく候、き十郎はるすにて候、とのはら（殿原）い

北野詣

ま一人給候へく候、いそき申候へく候、
文みまいらせ候、人夫きたの（北野）へまいり候て、すくにまいり候はんとはたれ人申候や、一日申ことく、きたのへまいり候てからまいり候はんと申まいらせ候、さやうに候はゝ□そなたしたいまいり候、御さう（左右）したい□人へも申候へく候□ぬいの事うけ給候□事、あなかしく、

「（上書）
　　御返事まいる　　　　より
　　　　　　　　　　　　か　」

伊勢遷宮宮主代御訪料の先例

八　吉田定勝書状　○自正月二十六日至三十日條紙背　（竪紙）

伊勢兩宮正遷宮宮主代御訪料一社奉幣共以七千疋先例に候、先度銀子六百目請取申候、殘分被相渡候樣、御取成可畏入候、恐ゝ謹言、

吉田雜掌

十月　　定勝

神宮傳奏
大炊《經頼》御門殿
御雜掌

九 如々院祐盛書狀 ○自正月三十日至二月一日條紙背 (折紙)

猶以、尤輕少恐存候へ共、蜜柑二百、令進上候、誠寸志迄に御座候□御祈念之儀□奉賴度令存候、已上、

其後者無音、背本意存候、隨而乍拙者以連々儀与申、此比別而取詰、迷惑仕候、拙者爰許歷々□被達、御藥にても□減無之候、難儀□上事無御座候、自然いかやうのたゝり□ても可有御座かと、人口にも申候間、度々□心之儀、難申上□座候へ共、此度折角□儀に御座候間□細申上候、期後信時候、恐惶謹言、

十月廿七日

如々院
祐盛(花押)

「（上書）
吉田二位（兼見）様　」

一〇　某書状　○自二月二日至七日條紙背　（折紙）

□たち候やうに御とりなしたのみ申、さやうに候はゝ、そもしさま□分
別□く□みな□て□とて候□く□とゝき□や□た
く□
いまた文にても申つけ候はねとも□めて申まいらせ候、まつ〳〵御つまとの御わつらい（煩）
一たんよく候、さやうに候へは□ゐさまへちと〳〵□ひとの□申たく候まゝ、
ちと〳〵御いて有て候やうに、御かし候て給候へのよし、御つまとの御申御のり物にめ
し候よしにて候まゝ、かならす〳〵、めてたくかしく、

「（上書）　　　　ふしみより
□ゐさまにて　　　　□
ち□　　　　　　　　　」

新暦を進上す

日法雑書

二一　吉田兼見勘返某書状　（折紙）　○自二月八日至十五日條紙背

「《兼見筆》□御そくさい候や、御ゆかしく思ひまいらせ候、ちといそかはしく一ふて申入れ候、めてたくかしく、」

御ふみ御めつらしくなかめ入まいらせ候、しんれき《新暦》の事、やすき御事にて候、すなはちた丶いままいらせ候、又此れき御かへし候時、日法さつしよ《雑書》ちとかりまいらせたく候よし、申との事にて候、こなたのそこね候ま丶、ちとみまいらせ候て、なをしまいらせ候たきよしにて、かんまへにて御入候に、御かつけもおこり候へく候、かしく、

「《上書》

「《兼見筆》御返事」　　　　「《兼見筆》（草名）」

二ゐさままいる《吉田兼見》　　　より　　（草名）

人々申給へ　　　」

一二　某書狀　○自二月十六日至二十七日條紙背　（竪紙）

以上、

傳馬無きにより下向を延引せんとす

先日者致祇候、御雜談承、滿足仕候、來十三日下向事、御傳馬いまたまいらす候、定而來十三四日可罷歸候間、それ次第十七日邊可罷立与存候、蒙仰儀心得存候、如在有ましく候、何事成共申上候て可進候、若只今被仰度事候者、神龍院(梵舜)可被下候、恐ゝ謹言、

卽時

一三　某書狀　○自二月二十七日至閏二月四日條紙背　（折紙）

長岡幽齋への見舞

あすはみや川殿(武田信高室、長岡幽齋姉)へ御いてとの事にて候□くかしく、
文御うれしくなかめいりまいらせ候□神くう(供)くたされ候、かす〳〵御うれしく思ひまいらせ候、正月こしらへも□まいらせ候□んや□よろつ御すいりやう(推量)なされ候へく候、やかて〳〵御かへりまち申候、ゆう齋(玄旨、長岡藤孝)へもさい〳〵みまい候へく候、

「(上書)　　　　　　　　　　より
二ゐさま(吉田兼見)　　　　い
たれにても
御申　　　　」

一四　孝藏主書状　○自閏二月五日至十一日條紙背　(折紙)

高臺院より樽を賜る

□(秀吉室、高臺院、杉原氏、寧子)たいゐんさまより□れのめてたさ□すく〳〵おほし□し候まゝの□事と、ゆわゐ(祝)いり
給候、このたいの物御たる一か□よく〳〵心へまいり候て申せとの御事にて御さ
候、あなかしく、
十七日
「(上書)
二ゐさまにて(吉田兼見)　　　からさうす(孝藏主)　」

一五　某書状　○閏二月三十日條紙背　（折紙）

北野詣

文くわしく見まいらせ候、きたのへまいり候て、きねん申、けから申候へく候、くわんしゆ・あらよねまいらせ候、御いたゝき候へく候、まつ〳〵みつもしへまいり候て、見まいかへりまいらせ候□御入候まゝ□心やすくおほしめし候へく候、御くすりの事□へは、こんしやう《今生》の□ゝけくすり御まいり候□ふまてのか御入候まゝ□るか事候はゝ、申候て□もしくすりのみ□事にて候、御きつかい《氣遣》候ましく候、くわしくは□申候へく候、めてたくかしく、

（上書）「□事まいる　　か」

一六　某書状　○自閏二月三十日至三月二日條紙背　（折紙）

返〻、うちのに御きも入候やと、せうし《笑止》さかりに思ひまいらせ候、まつ〳〵□分□より神くらの□事□つる□よし候まゝ□きもつふしとい候へは、まんちう《饅頭》ほしく

満は息災

候て、申出し候よし申候まゝ、をかしく思ひまいらせ候、わかとのはゆめ〳〵しり
候はす候□るやうにかゝり候て、御神くういたゝき候へく候□に□く、
文くわしく見まいらせ候、みつもし一たんとそくさい（息災）に候まゝ、御きつかい候ましく候、
うけ給候ことく、ちのみちにて候まゝ、ゆたん候ましきと申計にて候□心へまい
らせ候□たても候はす候□うしさにて候、人夫□ともにくわんたい（緩怠）□け候はん
との□昨日うけ給候□よしは、いつかたも□るく候まゝ、ことしは□こゝへ候
てよく候へく候、

「（上書）
□事まいる　　　か

□　」

一七　某書状　○自三月三日至十八日條紙背　（竪紙）

諸事徳川家康の判断に依る

一、今月十九日にそちさま（新上東門院女房）・楊林院殿（柳原淳光室）・ゑもん（中宮女房）のから御上洛候、するかよりの御返事の様子
は、とかく大御所（徳川家康）さまへ御まかせなされ候へ、禁中様（後陽成天皇）の御ためあしきやうになされ候ま

しきとの御返事と承候、万入さま（等利、萬里小路充房）・富様なとの御物かたりにて御座候、

板倉勝重近日上洛せんとす
猪熊教利及び兼安頼繼は死罪との噂

一、伊州（板倉勝重）廿三四日之比御上洛のよしに候、それにてきこへ申候、いまた御公家かたの御事は一定しれ不申候、とかくしざいとはきこへ不申候、さりなからいのくま殿（猪熊教利）・備後（兼安頼繼）はしさいときこへ申候、

教利薩摩への道中にて捕へらる

一、御女中かたは、楊林院殿御同道にて、伊州上洛次第にするかへ御下とたしかに承候、□いのくま殿さつまへ二日じにてつかまへ申候、これは同道の者こゝろかへり候て、からめとらせ申候、京都二条の御城に昨朝まて御いり候へ共、人のみまいかれこれ候とて、昨日五時より、ふしみへひきこし申候、

後陽成天皇激怒す

一、禁中様御存分あらけなく御さ候□取にも□

○いわゆる「猪熊事件」に關はる内容で、慶長十四年四月二十日前後のものと考えられる。

一八　滿書狀　○自三月十八日至四月四日條紙背　（折紙）

滿に銭を遣す

このほとはいろ〳〵なく（慰）さみまいらせ候て、かたしけなく思ひまいらせ候、ことに御あ

しくたされ候、ちとつかい御申入□かす〱かたしけなさ、申はかりなく御うれ
しく思ひまいらせ候、いまにはしめぬ御事なから、いつも〱御ねんころの□か
たしけなさ、なか〱ふてにも申つくしかたく思ひまいらせ候、返ゝ、□御あしおひ
たゝしくくたされ候、かす〱かたしけなさ、みにあまりみやうかなく、そらおそろし
く思ひまいらせ候、めてたく又ゝかしく、

（上書）「　　　　　より
御てもしさま　　　　みつ
　　　返し　　　　　」

○孫女滿の所望により錢を贈ることは慶長十四年五月十三日條に見える。また慶長十四年五月三十日には米などを贈つてゐる。

一九　鈴鹿和房書狀　○自四月九日至十七日條紙背　（折紙）

追而、助兵衛に御書之通、申聞候、

百姓出入に依り內檢に出でず

御書之旨、具拜漏仕候、百姓之出入御座候付、今日者未內檢罷出候、急度今日に相極な
けにても、或內檢にても、自是御左右可申上候、恐惶謹言、
　　左京助
十月廿六日　和房（鈴鹿）（花押）

二〇　某書狀　○自四月十七日至二十日條紙背　（折紙）

□御うれしく思ひまいらせ候、ちこ□はや〱とう（登）山の御事候て御入候□〱つゝ
かなく□やうにと、ゆわゐ〱□たのみ申候、ことに〱御神くうくたされ候、
なに事も思ひまゝの御事とも申うけ給候、御くりいたゝきまいらせ候□ゐんまん（政）所
さま御きもいりゆへ□い□し候へと□思ひまいらせ候□
「（上書）
　二ゐさま（吉田兼見）　より
　　たれにても　□」

○慶長十四年十一月二十一日、兼治の男才鶴丸は愛宕福壽院にて得度のため登山してゐる。この件に關連か。

二一　満書状　○自四月二十一日至二十八日條紙背　（折紙）

□のふは御ちまいらせ候へは、いろ〳〵御きもいり候て、そもしの御とりなしのかけより御てもしさま□くたされ候、かす〳〵かたしけなく思ひまいらせ候、いつもと申なから、ことしはてまへなりとてつまり候、申はかりなく候、さい〳〵に御てもしさまへ御むしん（無心）申あけ候て□さ□の□ゝ□と□み〳〵□しまゝ□けんも□さやうに□まいらせ候□のふは□きもいり□〳〵□めてたく又ゝかしく、

（上書）「　　　　　　より

御ふくろ　　　　みつ

まいる　　　　　」

金丸と對面す

二二　某書狀　○自五月一日至六日條紙背　（折紙）

一昨日は御かなわ（金丸）もし入まいらせられ候、御うれしく思ひまいらせ候、みな〱ほめまいらせ候へとも、みまいらせ候はぬさきは、それほとに思ひまいらせ候［　　］よき御こにて候と□とろきいりまいらせ候、りゝしく［　　］なしく候て□ほめかんしまいらせ候、やかても□れに文にても申候へく候［　　］まいらせ候はんを、ふねよりにとも［　　］た□しおそなわりまいらせ候、まつまいりてとり□御れいのため一筆申候、又この廿そく一つゝみ御かなわもしへまいらせたく候□くわしくみこ申まいらせ候［　　］たて［　　］んし御ふくろへも［　　］かしく、

（上書）「［　　］　より　」

二三　水無瀨親留書狀　○自五月七日至十三日條紙背　（竪紙）

以上、

御状、殊御小袖一、被懸御意候、近比御斟酌候ましく候、乍去目出度御出祝申候、御存分事候はゝ何時も可被仰越、時日をうつさす可申上候、御川方之躰態可申上候、恐々謹言、

十二月十六日　一齋（親留、水無瀬親具）（花押）

○駿河に下向する水無瀬親留に小袖を贈ったことは慶長十四年十二月十六日条に見える。

二四　某書状　○自五月十五日至十八日條紙背　（折紙）

このほとはなくさみまいらせ候て、御ねんころの御事とも、申つくしかたく御うれしく思ひまいらせ候、御才（才鶴丸）□候へとの□事にて候、御かな（金丸）・御ふもしへも□事つて申候、御そくさいを□まいらせ候て、かへりまいらせ候ても□こひまいらせ候御事にて候、ちほひめたちも事つてのよし申候、めてたくかしく、

（上書）「　□ま　より　□　」

二五　某書状　○第二十四丁白紙紙背　（折紙）

□文みまいらせ候、御きも入□け給候、御うれしく□ひまいらせ候□こしを□つけ
まいらせ候へとも□す候まゝ、人夫この物に給候へく候□計にてよく候へく候へく候□
□まいり候はす候、きゝつくろいこしらへ候へく候、一ねんに一とにて候まゝ、め
てたく申つけまいらせ候事にて候、はきはら（萩原兼従）いまた御とうりうまておほしめしはかり候
へく候□きやくしんせうふ殿御よひ候はす候□とり候て□て候まゝ□
この人夫に□たくかしく、

（上書）「　　　　より
御返事まいる　　　　か」

二六　某書状　○自六月一日至十六日條紙背　（折紙）

□ことく□まいり候計にて候、めてたくかしく、
□いまは□ふたく〳〵と□りにて候□御そくさいに□候て□まんそく□まいらせ候、まつ〳〵□まいり候ま〻□事にて候、いく久しく□き候へく候、

（上書）「（切封墨引）　　　より　」

近衛信尹御成

二七　金丸書状　〇自六月十六日至十八日條紙背　（竪紙）

以上、

御書拝見仕候、仍昨日は陽明殿下（近衛信尹）御成に候て、予等に一段御懇共候、懐紙者山科殿（言經）執筆故、爲清書とりて可歸候、參次第從是可掛御目、此由令披露、不宣、

小春廿日　　　　金丸（花押）

二八　堀川某書狀　○自七月一日至三日條紙背　（折紙）

以上、

□つ〱御神くうを□下候て、誠に忝次第に候□て候ものより御返事□候はんか、我等に心え候て□候へのよしに、我等も□い〱御見舞申□んを、何かと候て、打□き候て、何ともめいわく仕事に候、一さい方（親留、水無瀬親具）□りさい〱ひんき御座候間、可被安御心ひん候、折ふしはさい〱御ねん比のよし申くたし候、一たんそくさいのよし申來候、何も与風御見舞申候てつもる御れい可上申候哉、恐惶謹言、

霜月朔日　（草名）

より

吉二位（吉田兼見）様にて　堀川

（上書）「□」

湯治より帰る

二九　佐竹宗之書状　○自七月三日至七日條紙背　（折紙）

猶々、御所様御かけにて湯治□忝存候、此やう□上頓々謹言、

態令啓上候、湯治仕、昨日□申、一段とけんをへ申間、以參上可申上□へ共、さん〳〵くたひれ申□々御あんない申上候、此とり□下申間、進上仕候、何様やかて參候て可申上候、恐惶謹言、

佐竹齋頭

十月廿七日　　宗之（花押）

（上書）「□殿　」

三〇　辻近弘書状　○自七月八日至十三日條紙背　（折紙）

返々、こゝほとの御公事いまた相濟不申候て、なにとも〳〵書中に申あけかたく存候、委は御存知候はんつれとも、御所様の御存分も□段〳〵ふかく御座候を、かき

つけ候て進上いたし候、以上、

從是以書狀可申上存候處、預御言傳、忝存候、如仰當月二日不慮之儀出來、なんき仕候處、色〻致才覺候て、四日めのあかつき我等家之うらへすて申候、先以外分と申、彼是致祝着候、内〻此比以參上万〻御物語可申上存候へ共、少ふそ相あしく御座候故、乍存致延引候、はやく〻近日きよく罷成申候間、必〻致詞(伺)候、万〻可申上候、恐惶謹言、

二日不慮の儀あり

辻將監

九廿一日　近弘(花押)

(上書)「二位さま(吉田兼見)

豊後守殿(鈴鹿勝正)　御申　近弘」

三一　金丸書狀　○自七月十三日至二十八日條紙背　(竪紙)

尙〻、章句懸御目申候、以上、

懐紙を請取る

尊書忝奉存候、懐紙慥請取申候、左僕(近衛信尹)者他出被申候間、歸寺次第に返進可申候、恐惶頓

首、

（上書）
「□　　小春念五　　金（花押）

□　　より　　」

三二　某書状　○自八月一日至六日條紙背　（折紙）

才鶴丸得度の事

御才《（才鶴丸）》とく《（得度）》との事、かやうに申候てまいらせ候、はや〳〵御寺中へ御ふれ候へく候、いまきやうかなり候はぬまゝ□と□なんを□けたる事にて候□こから御いそき候事にても□はぬとの事にて候、それはともかへされ候も、いまたとくとさせ候事、まつことく〳〵めいわく思ひまいらせ候、此物にくわしく申候まゝ、御ふんへつ候てそうしやうへ御申てくたされ候へく候、この物申御かつてん《（合點）》まいり候はす候は、まいり候て申入候へく候、またふんこ《（鈴鹿勝正）》にてもたれにても□たされ候へく候、としよりとも□やうの□ん□の□り□入候へく候□くかしく、

（上書）「□ゐさま（吉田兼見）　たれにても　より　い」

○慶長十四年十一月二十四日の兼治男才鶴丸の得度に關はるか。三三號も同じ。

得度定まる

三三　某書状（折紙）　○自八月七日至十三日條紙背

文御うれしく思ひまいらせ候、とくとさたまり候て、うちあたり又〻さまて御入候、ぬし御てうふん返し□こゝろのほと□を〱ふひんさ□もつふし申候□んの御ふみ□す〱御うれしく思ひまいらせ候、われ〱たひ〱文候へとまいらせ候に、御返しなく候て、ようせんはう申候やうにて、かやうにかつてんまいらせ候へく候、ふしんさかす〱にて御入候、ねんのため此文を御やりなされ、一入御うれしく思ひまいらせ候□候つるに□御ねん□せ□御入候□も□まい候まゝ、きと見出候も申候へとも、色〻入候事申候まゝ、とほうなくほうきやく（忘却）申候、御すいりやうなされ候へく候、あなかしく、

「（上書）　　　　　　　より
□□さま　　　　　　い
　たれにても　　　　」

春日祭神供進上
長岡幽斎氣色良し

三四　某書状　○第三十三丁白紙紙背　（折紙）

けふは春日の御まつりの御神くう□ん上申入候、たゝいま□うゑもんまいり物かたり申
候、このほとはゆう齋（玄旨、長岡藤孝）きしよくよく、みやく（脈）もちとふとり申候よし候まゝ、御うれしく
思ひまいらせ候、御こゝろやすくおほしめし候へく候□かしく、

「（上書）　　　　　　　より
二ゐさま（吉田兼見）　　　　□
　たれにても　　　　」

○長岡幽斎は慶長十五年八月二十日歿。慶長十四年十月頃より上洛してゐた。吉田社の春日祭は十一月申日に行はれてゐる。

三五　某書狀土代　○第三十四丁白紙紙背　（折紙）

文かたしけなく思ひまいらせ候、二（吉田兼見）もしさまへ御ふたのやう申入候、われ〳〵にもくもしい候てまいらせ候へとおほせ候まゝ、御□ほの□たのみまいらせ候てまいらせせられ候、ゐりまいらせ候てまいらせ候はんすれとも、くれ候まゝ、よけい（×ひけ）

諸事書拔

〔國學院大學圖書館所藏〕

（後補表紙外題）「兼見卿御筆
　　諸事書拔」

（原表紙上書）「此書拜見」

（原表紙題簽）「諸事書拔　兼見」

○第一丁

天神

高皇產靈尊之御子孫、又天孫降臨之時、卅二神之供奉之神アリ、皆天上ノ神達也、此等

ノ後胤ヲ天神ヘ入申ヘク候乎、

天孫

天孫

地神三代、天津彦〻火瓊〻杵尊ヲ天孫ト申ス、則帝王之元祖也、此後胤ヲ天孫之内ヘ入申ヘク候乎、

地祇

地祇

大己貴神三輪社、・事代主命三穂社、・建御《タケミ》名《ナ》方《カタノ》命諏方社、

此等ヲ地祇ヘ入申ヘキ乎、

天穂日命

一、天穂日命ハ、天上ノ神タリトイヘトモ、天孫降臨以前ニ、先下界ヘ降給テ、地祇ノ神ト嫁シテ、子ヲ生ス、故ニ地祇ヘ入タルヘシ、但天上ニマシマヌ〔ス〕時、出生ノ子アリ、ソレハ皆天神ヘ入申ヘシ、

○第二丁

火明命

一、火明命モ穂日神ノ類也、天上・地下ニテ出生ノ子ニヨテ、差別アルヘキ歟、

天神七代

一、天神七代事、
國常立尊ハ无始无終、不變之神也、
國狭槌《水氣》　豐斟渟《火氣》　泥土煮《木氣》・沙土煮
大戸道《金氣》・大苫邊　面足《土氣》・惶根
五代ハ五行之元氣也、此五行ノ神一氣ノ神ヲ以テ伊弉諾・伊弉冉尊アラハレ玉フ、此則天地也、天孫・天神・地祇、皆以テ、天地ノ内ニモレタマハス、故ニ天神七代ハ、万法ノ元祖ト号ス、神道極祕也、輙不口外之義也、

神道長上兼（吉田）右上

○第一丁の續き。

○第三丁

宮主職

一、宮主職、元名ハ齋主ト云、今宮主ト云ハ、神代稻田宮主ノ名ニ例ス、卜氏ノ中器用ヲ撰テ補之、朝廷ノ神祭ヲ主ル職也、又伊勢太神宮祠官・祭主・大宮司・祢宜アリ、此祢宜

ヲ以テ神主ト号、上古ハ太神主ト稱シテ、唯一人アリ、内宮降迹ノ時、大若子ト云者、度會氏元祖也、是ヲ太神主ト云、此後胤第九世大佐、今ニ至テ外宮垂跡アリ、此時猶兩宮ヲ兼行シテ、神主ハ一人也、天武天皇御宇、彼大佐今▨ヨリ十九世ノ孫御氣ト云者ニ至テ、二人ノ子アリ、兄ヲ兄蟲ト云、弟ヲ志己夫ト云、兄蟲ヲハ内宮ノ祢宜トシ、弟ヲハ外宮ノ祢宜トナス、是ヨリ神主兩宮ニ別テ二人アリ、後ニ内宮ハ荒木田氏ニウツリ、次第ニ加任テ、今ハ兩宮ニ各十人アリ、此等ヲ《ノ》祢宜ヲ神主ト号ス、故ニ其人ヲ清撰スヘキ也、神ニ物ヲ供スル人也、

一、祝トハ、神ヲ祭時、詔戸ヲ讀官也、祝ノ字ソ、ノツトヽ讀也、ユハイノ心アルソ、假令佛者ノ廻向・表白等ヲ讀類也、是ヲ師官ト云、

亦應永九年十一月十四日、中臣清誠《シゲ》カ大殿祭ノ條〻ヲ、

○第四丁

七代祖兼敦（吉田）ニ、再往再反懇望スル間、令傳受之、勤所役云〻、同夏、十九日、忌部親憲《ノリ》是

亦深依令懇望、條々以下令傳受者也、捻シテ神官ニ對シテ、吾家ノ宗源神道ヲ惜テ不傳ソ、一社ヲマホル、神道ヲ本ニサスルソ、祓ヲハ不傳ソ、然レトモ神官ニモ祓アルソ、賀茂ニハ、神官ハ祓ヲ不習ソ、サル程ニ賀茂ノ社家ニハ、祓ヲハシラヌソ、人ヲ倩《カッ》《セン》テ祓ヲサスルソ、上賀茂ハ安家カラ祓ヲスルソ、神田ヲ安家ヘ出スソ、下鴨ハ賀家カラ祓ヲスルソ、神田ヲコレヘ出スソ、賀家ハ賀茂氏也、安家ハ安倍氏也、

鴨長明

一、三百年以前、鴨長明カ十二代祖兼直（卜部）ニ神道ヲナライタカルソ、一社ヲ本ニマホル神道ヲ教テ、宗源神道ヲ不傳ソ、又鴨ノ長明ニ、祢宜・祝ノ官ノイハレヲシルカト云ヘハ、シライテ、種々懇望スレトモ、不傳處ニシテ、歌ヲヨンテ、祢宜ヲハツレテヒツコウタソ、

ネキト云名ヲタニシラテ　チハヤフル神ニハイカテツカヘマウサン

如此述懐ノ歌ヲヨムソ、

○第三丁の續き。

○第五丁

大本朝火葬之始也、

和語の根源

一、和語ニツイテ心得カタキ事多シ、和語ノ根源ハ、蘇我ノ家ニテ焼失セリ、某（吉田兼名）カ十代祖兼直奉ニ後堀河院勅一、重テ和語ヲ撰スル也、雖然後鳥羽院隱岐國ヘ移サレ玉ヒシ時、世ニチラスマシキトテ、取テ御出アリシ也、依之日本ニ和語ノ根源タエテ不知也、

五臟

一、五臟ノ中心主ㇾ火、肺主ㇾ金、肝主ㇾ木、脾主ㇾ土、腎主ㇾ水、

三寶加持

一、神道ニ随身ノ三寶加持ト云事アリ、第一ニハ壽命也、第二ニハ無病也、第三ニハ福祿也、是ヲ云随身三寶ト者也、第一・第二者身内之寶也、第三者身外之寶也云々、壽命者身根本也、諸病者身之枝葉也、福祿者身之花實也云々、

和語の根源

一、和語ニツイテ心得カタキ事多シ、和語ノ根源ハ蘇我ノ家ニテ焼失セリ、某（吉田兼名）カ十代祖兼直奉ニ後堀河院勅一、重テ和語ヲ撰スル也、雖然後鳥羽院隱岐國ヘ移サレ玉ヒシ時、世ニチラスマシキトテ、取テ御出アリシ也、

○第六丁

史記

一、此書ハ史記□テ天下ノ書也、兼延（卜部）此書ノ一書ノ說ヲ、モトハ細字ニ注ノ如クカキタリシヲ改テ、大字ニ書ケリ、ソレヲ兼延カ家ノ本ト天下ニ心得テ、家ノ本ト云也、此書神代ヲ沙汰スルホトニ、カタ〱我家ノ書ノ如クナリキタル也、

名法要集

一、一條院御宇ニ、兼延カ神道ノ名法要集ヲ作テ、万壽元年七月七日奏之、叡感アリテ、名法要集ト云、上ニ唯一神道ノ四字ヲ震（宸、下同ジ）筆テ書加玉ヘリ、同被染震筆、被レ下二兼字一、是ヨリ當家譜代ノ字トスル也、

天神七代

一、天神七代大事、

心 國常立尊　水 國使槌尊（在天元氣水德神、地一德元水、）腎元靈、　火 豐斟渟尊 心元靈、　木 泥土煮尊・沙土煮尊 肝元靈、

金 大戸道尊・大苫邊尊 肺元靈、　土 面足尊・惶根尊 脾元靈、　形 伊弉諾尊・伊弉冉尊

伊弉ー・伊弉ー、此於テ始テ陰陽交會ノ道アリ、陽神ハ天トナリ、陰神ハ地トナル、在ハ二万物ニ一爲レ父、爲レ母、在テハレ人ニ爲二男形一、爲二女形一、一代二神治二万三千四十歳也、謂二

之ヲ天地循環變化常住ノ神代一、万物ノ數ヲ擧、万有一千五百二十也、コレヲ二神ニアツレハ、二万三千四十歳也、

○第七丁

孔子

一、孔子ハ、伏羲ヲ去コト、僅ニ二千年ヲ得タリ、

一、孔子ハ、文王ヲ去コト、六百餘年ヲ得タリ、

神道

一、神道者、混沌乃境於出天、混沌乃始乎守、ワカミチハナシツナサヽルサカイヨリナシモナサレヌハシメヲソシル

佛法

一、佛法波、有無乃相乎破之天實相乃地仁佛、

節度

一、節度《セツト》者《ハ》、所《ユヱ》三以《ンナリ》　示《シメス》二其ノ信《シンヲ》一也、

トクコトハアリナシトモニヤフレケリソノマヽナルヲトクト云也、

○表丁にのみ記事あり。

○第八丁

高皇産靈尊
神皇産靈尊
天狹霧
國狹霧
國常立命

一灯ヲ以テ五行ヲ分チ、五行ヲ以テ万法ヲ成也、灯心ハ木ニシテ肝也、膏油ハ水ニシテ腎也、灯盞ハ金輪ニシテ肺也、灯盞ヲイマ一ツ重タルハ北輪ニシテ脾也、所挑ノ火ハ、

一、高皇産靈尊・神皇産靈尊、此二神ハ天御中主ノ御子也、

一、天狹霧・國狹霧ハ、天御中・國常立ノ兩神也、

一、天神七代、地神五代ハ、國常立ノ一神ニ皈ス、故一代卽十二代、十二代卽一代也、天ノ七星モ一陽ノ德ニ皈ス、大陽ノ光散シテ星トナル也、星ノ字ハ日生トカケルハ是也、天道ハ皆七ノ數アリ、二十八宿モ一方ニ七ツヽアリテ、四七二十八也、五行ノ神ト云ハ、七代ノ內ノ五神也、自第二代至第六代、眼ニ視《ミ》二五色一、耳聞五音、口甘五味、盡是五行ノ神之所作也、此神ハ如影隨形ニテ、造次モ離レサル也、頭ニ七穴アルハ天神七代也、腹ニ五臟アルハ地神五代也、天有五行、地有五行、人有五行、三五十五ト成レリ、天竺ハ十五日以テ一

〔月 ト シカ〕
□□□

○第九丁

二十四箇月ヲ以テ一年トス、天道ハ三五ニテ缺《カク》、三五ニテ滿ル也、

名法要集

天有六神道、地有六神道、人有六神道、コレヲ十八神道ト云、天ニ有元氣円滿神道、加天五行、爲六神道、地有一靈感應神道、加地五行、爲六神道、人有性命成就神道、加人五行、爲六神道、

三元三行三妙二十五有

一、三元三行三妙二十五有ト云ハ、神道ノ肝要也、三元トハ、天元・地元・人元也、三行トハ、天五行・地五行・人五行也、三妙トハ、天妙・地妙・人妙也、又コレヲ三部ト云也、天妙ヲ神變部ト云、地妙ヲ神通部ト云、人妙ヲ神力部ト云、又是ヲ三部ノ妙壇ト云、以天爲神變妙壇、以地爲神通妙壇、以人爲神力妙壇、天地人ノ三方ニ各三ヲ具足スルホトニ、九部妙壇ト云也、天ノ神力ハ日月星辰是也、神通ハ寒暑晝夜是也、神變ハ雷鳴風雨是也、地ノ神力ハ山河大地江海是也、神通ハ山澤通レ氣、海湖干滿、万物運レ氣是也、神變ハ草木顯二枝葉一、生レ花成レ果是也、人ノ神力ハ拜供《ハイク》印《イン》是也、神通ハ讀誦唱是也、神變ハ觀念想是也、　二十五有トハ、五根ニ五行ヲ

○第八丁の續き。

○第十丁

加テ、五〻二十五也、　五根ハ鼻舌眼唇耳、

八卦

一、八卦ノ事、泥土煮・沙土煮主二震巽二卦一、震爲二長男一、巽爲二長女一、此二神居二其首一、故得二長之名一、面足惶根主二艮兌二卦一、艮爲二少男一、兌爲二少女一、大戸道・大苫邊主二坎离（離、下同ジ）二卦一、坎爲二中男一、离爲二中女一、此二神、次レ長而生、故得二中之名一、面足・惶根主二艮兌二卦一、艮爲二少男一、离爲中女兌爲二少女一、此二神、次レ中而生、故得少之名、伊弉諾・伊冉《弉》主乾坤二卦、乾爲父、坤爲レ母、此二神化二生万物一、故得父母之名、乾坤生二六子一、故曰乾坤之道相參而化、

虚無

一、心不レ貯二一物一而、不レ可レ止於虚無ト云了、

龍田神

一、瀧祭神与龍田神同躰、故龍田神名曰二天御柱國御柱一、

素戔嗚尊

一、盤古王ハコナタノ素戔嗚尊也、牛頭天王、無塔天神モ素戔｜也、天竺摩阿陀神ト申モ素

戔嗚也、

月讀尊

一、上弦・下弦ハ月弓尊也、上弦ト云ハ七日・八日也、半月也、ツルト云字ヲカクハ月弓ノ名ニヨテ也、下弦ハ廿二日

〇第九丁の續き。

〇第十一丁

三日也、是ヲ是ヲ日ニアテヽ云ヘハ、時正カ二卦二月ニアリ、月ハ一月二度アラハレ、日ハ一年ニアラハス也、假令日ニハ、生老病死カ寒熱ニ在テ、春夏秋冬ニ其氣ヲ見セタリ、是カ根本ノ心也、月ハ、カタチニ生老病死ヲアラハセリ、其位ハ三日月ハ人ノワカキ皃、円満ノ望ノ月カ、人ノ四十計ノ位也、十六・七日マテ老ノ位也、四十已後ノ位也、下弦ヨリ病ヲ得テ、晦ニ死ノ位ヲ成ス、本有ノ心ハ日ニアリ、月ハ形ヲ以テ此位ヲミスル也、是ハ日ハ氣ヲ以テアラハレ、月ハ形ヲ以テアラハス義也、

月弓ハ上弦・下弦ノ時ノ御名也、コレヲ見テ弓ヲ作初メリ、半月ノカタチヲ、月ヲ張リ

タルカ如シ、故ニ今夜ユミハリ月トハ云也、二ニハ月夜見尊、十四・十五・十六夜ニアタリ、望《マウ》ノ時ノ御名也、円満ノ時ハトマヲモ照シテ、夜ナレトモ物カヨク見ユルホトニ、夜見尊ト申也、三ニハ月讀尊、是ハ晦日ノ時ノ御名也、ツコモリハ月ノイテヌホトニ、月數ヲヨミテ晦トシル、故ニ讀ノ字ヲ以テ御名トスル也、晦日ニハ日月同宮會スル、三ツニ月ハ无ヲアラハサヽセル也、字書ニ晦ハ會也ト注ス、晦日ニ會スル故也、

○第十丁の續き。

○第十二丁

一、五行ハ父母未生以前ニアリ、其本數ノ五行也、形ニアラハルヽ五行ハ、成數ノ五行也、

疏云、軻遇宊《突》智、火神之號、軻遇、牙音、角木、突智、舌音、徵《テウ》《メス》《シルス》火、木生火、故爲㆓神之名㆒也、伊弉冉尊本具㆓五行之德㆒而、爲㆑火所㆑進者、且以㆓木德㆒見之、木生火、火盛則还焚㆑木故也、

此一卷、雖爲深祕所書進也、敢莫被免外見矣、

○もともと巻子本末尾の一紙だつたのか。他の料紙とくらべて縦の寸法が短い。

○第十三丁

一、越調《エツデウ》雨、　斷《タン》レ金《キン》調　平調風電同、　勝絶調《セウゼツ》　下无調《シモム》　雙調《ソウテウ》ミ鳥、何ノ妙ナルハ、双調、　鳬鐘調《フセウ》
黄餝調《ワウシキ》鐘火同、　鸞鏡調《ランケイ》　盤渉調《バンシキ》河、水鳥、波、歎同、　神仙調《シンゼン》　上无調《カミム》

永祿七年の愚記

永祿七　愚記之內、家君（吉田兼右）御雜談之次、
龍田姫・橋姫、何モ女體也、
神直日・大直日、願念之事、
八十枉津丨・神直丨・大直丨、三神也、
八十丨者心ノ移所也、神直丨・大直丨、チトモ不移本理ノ心也、
祈念之時、三神之御內證ヲ分別スヘシ、

○第十四丁

郢曲
陪従
松永久秀春日社の陪従を調ふ

郢曲《エイキョク》之事、淵田入道玄少令不審之間、尋申家君（吉田兼右）、見左、又陪従《ベイシウ》之事、
郢曲ハウタイ物之事也、陪従ハ諸社ニ在之事也、此儀必攝家之御願人云々、先年於春日之社、有陪従之儀、松永久秀相調之、近衞殿太閤（稙家）御願人也、

龜卜壇場

龜卜壇場之事、大方御雜談之分也、
幣廿四本、上中下立三段、下段ニ玉串之幣也、

天度御祓

天度御祓三十六本之事、
天之運數三百六十五度也、其一度之運數卅六度也、以此數表之、

竈神

竈神、興玉神主中天神也、
天竺ヘ現時、大極天神ト云、日本之大極也、天竺ヘハ伽羅國ヨリ渡、牛頭天王トモ申也、天竺ニテ之事也、於日本者祇園ヲ申也、

○第十五丁

事理

事理之事、

佛法云、八歳ノ龍女釋尊ヘ寶珠ヲ捧テ佛道ニ入、是事相也、又胸ノ玉ヲ捧ケ佛道ヲ得ル、是理相也、

護身法

護身法事、

磤馭盧嶋、天地開ル時ノ嶋也、又自然ニコリタル嶋トモ云心也、一身ニアテヽ見時ハ、父母ノ骨肉ヲ受、胎内ニコリタルナルヘシ、

八尋、八方也、一身ニアテヽ、五臓天地人也、

日月、八方ノ後出生也、一身ニ兩眼也、

星、天ノ九曜也、一身ニ頭ニ七穴、腹ニ二穴、

二十八宿

左青龍、東ノ星、七星龍形也、

右白虎、西ノ星、七虎形、

前朱雀、南ノ星、七鳥形、

後玄武、北ノ星、七龜形、

右廿八宿也、

天眞名井、天上ニテ伊弉諾・伊弉冉ノ堀井也、

變通力

變通力

變ハ、天ノ春夏秋冬トメクリ、雨雪ヲ降ス、是神變也、
通ハ、地ノ草木ヲ養ヒ、氣ヲ通ス、是神通也、

○第十六丁

力ハ、人ノ天地ヲハカリ諸法ヲ行フ、是神力也、
阿南ー・神直ー・大直ー、三ノ号天照太神之尊号也、
佳躅ハヨキアト也、詔命《ミコトノリ》、天照ーノ仰也、
修眞ハ神通也、
打鳴ハ神意ヲ驚ス心也、又神靈也、

野宮

野宮之事、
天子御代一度被立齋宮也、其時先野宮ニ一七日有御精進而、御下向伊勢也、

日

日ハ陰也、陽ノ性氣アル如何、陰中之陽也、陰體ハカリニテハ性氣ウスキ也、仍陽氣ヲ

月

本ニ顯ス、是自然之道理也、火ハ陽ナレトモ、陰氣アルニヨテ内クラキソ、
離中斷、☲　上下陽ニシテ中ハ陰也、日之陽〔陰〕體ニテ陽氣ヲ顯ス心也、
月ハ陽也、是モ陰中之陽也、其性德ヲ顯サンタメ也、水ハ陰ナレトモ、陽氣アルニヨテ
内明也、
〔坎〕炊中連、☵　上下陰ニシテ中陽也、月陽體ナレトモ、陰氣ヲ顯ス心也、
月ハ十六ヨリ缺、陰性タルニヨテ、形ニテ其體ヲ顯ス也、然トモ男體也、仍圓滿モ初月
モ影ハチカハス、

○第十五丁の續き。

○第十七丁

日ハ陰性タルニヨテ、連〻冬ニ至テ其性氣弱シテ寒シ、然トモ陽氣モ顯ス故ハ、水精《スイシヤウ》ヲ
日ニアタヘ、熟艾《モクサ》ヲヲケハ火カ付也、
月ノ清天ニ水精ヲヲケハ、水カ流ルヽ也、陰陽自然ニ顯也、

北野天神

北野天神（菅原道眞）之事、出生ナシ、三歳時庭ニ立ヲ、是善（菅原）《セセン》《コレヨシ》公御覽シテ、汝ハ誰カ子ソト問、小子答、我ニ父母ナシ、卽是善公ヲ父母トスヘシト也、醍醐天皇之御代之事也、時平（藤原）公之讒言ニヨテ、阿波之嶋左旋（遷）也、其嶋ニ於テ逝去シ賜也、靈魂火雷神トナリ、忽禁中ヘ禍災ヲナス也、其時六七人當座燒死云〻、天皇モ天神之靈ニヨテ崩御、時平公逝去シ賜ト云〻、其後天孫二代以外相崇ニヨテ、号

天滿天神ヲ神号申サレ勸請云〻、

日月蝕

日月之蝕之事、神道ニ不慥、

易道ニハ日月之行途合スルノ時蝕ト云〻、

唐ニハ、孔子不知ト云、

佛孝教ニハ、帝釋与周羅之戰也ト云、

孟子云、老而無妻、曰鰥、老而無夫、曰寡、幼而無父、曰孤、老而無子、曰獨也、

〇第十六丁の續き。

○第十八丁

足利義澄贈太政大臣宣下

法住院殿（足利義澄）贈位宣下、先君（吉田兼見）之御記ニ在之、見于左、
天皇我《スヘラカ》詔旨良万止《ミコトノニラマト》、故従二位行左大臣源義澄朝臣尓詔倍止《ミコトノリシタマヘト》、勅命乎聞食止宣、威霆《イテイ》聴二万國一惠澤及二四方一布、專ラ運二治道ノ籌《ハカリヿヲ》一須、清朝之藩屏《ハンヘイ》多利、或兼二衞風美一弖、良將之規範多利、爰爲レ平二夷狄一尓、雖レ赴二東土一毛、被レ侵二疾病一弖、遂ニ辭二家鄕一須、雖レ然將種令レ居二柳營一弖、追餝《ショクー》弔二芳躅一須、故是以弖太政大臣尓上給比賜布、天皇我詔《ノリ》乎遠聞食世止宣、

天文二年九月十二日

此詔旨良万止《ミコトノリシラマシ》ト讀ヘキ歟、舊記無所見、不審也、從二位トアリテ朝臣ト書之、不審、自昔云書付歟、未練歟、環翠軒（清原宣賢）同前ニ申之云〻、詔倍止、ミコトノリシタマヘト歟、於此儀者志給字可入之事歟、故字比興也、

○天理圖書館所藏『吉田家日次記』十五（兼右卿記天文二年自九月至十月記）天文二年九月十五日條參照。

○第十九丁

吉田社立願文

吉田社
　立申　所願事、

尼子晴久退治

右對治源晴久(尼子)、速達本意者、建立社頭二宇、可遂再興之旨、以代官兼右(吉田)啓白之状如件、
　天文十三年十月十八日

氷上妙見大菩薩立願文

氷上妙見大菩薩
　立申　所願事、
右對治源晴久、速達本意者、可奉遂行百口之曼荼羅供之旨、以代官兼右啓白之状如件、
　天文―――　　從三位(大内義隆)―――

神道裁許状

神道大護摩一座事、維清軒紹惠被遂加行、自龜山左京亮隆(清原)所可有御傳授者、
神道裁許之状如此、
　天文十七年正月十七日
　　神道長上卜部(吉田兼右)朝臣御判示之、

三元神經奥書

一、三元神經傳維清軒奥書云、

右面授之相承唯受一人之極祕也、若宗源妙行懈怠之時者、誦此神經、則等同一座之行事、別而依御執心、授申紹惠了、

天文十七年正月十七日　　神道長上兼右

○第二十丁

八方拜大事

一、八方拜大事、

先三種加持、

次六根清淨加持、

次再拜、拍手、始自子終戌亥、

次祈念、

次退下、

右祕中之祕也、授申維清軒了、

神道長上兼丨右

具足著始日時勘文

一、具足着始吉日時、
今月十二日戊子成　兵仗日也、天地必勝日也、
時巳刻　最勝時也、
星ハ軫宿也、長久ヲ主《ツカサトリ》給星也、
天文十七年三月六日　神道長上兼右勘之、

日待

一、日待事、嵯峨天皇弘仁二年二月一日、天皇令待之給、是濫觴也、曩祖智治丸奉行之、神事作法不異神宮候、乍事次申入候、

大内義隆

大内義隆へ　先君御記

近江蒲生郡薬師社

一、江州蒲生郡薬師社者、
木守・勝手両大明神也、本地阿弥陀、
末社、伊勢・八幡・熊野三所・天神・貴布祢・弁才天等也、
天神爲本社之處、木守・勝手者、勸請而後爲末社云々、

○第二十一丁

春秋題辭曰、星之爲言精也、陽之榮也、陽爲日、日分爲星、故其字ニ日生爲《ス》星也、

日本武尊

一、人皇十二代景行天皇ノ御宇ニ東夷起時ニ、日本武尊ヲ、景行御子、東夷追伐ノ大將ニヤリ申サル時、伊勢神宮ニ御マイリアツテ、倭姫命ニイトマコイヲ申サル、倭姫命ハ景行天皇ノ御妹、日本武尊ノ姑《ヲハ》ニテマシマス也、其時ニ朝敵退治ノ門出ナレハ、節度ヲマイラセントテ、天叢雲ノ劔ヲ、日本武ニ授テ、愼而莫怠也トノ玉ヘリ、

天叢雲劍

永祿三年兼見の日々記

永祿三年二月、予（吉田兼見）在日〻記、尋申家君（吉田兼右）注之云〻、

御表御祓

御表御祓事、中ニ調神體故御表云、
札ニ太元妙行、太元尊神也、三元加持、天地人也、
上ニ榊二本、葉八、八方也、四手四サカリ、八重ハ三十二也、一月之數、左ヨリ右ヨリ有陰陽也、上ヲ墨テ三スチ引、天也、下朱ニテ三スチ引、地也、
裏ニ日本國中三千餘座、勸請此神等也、

玉串祓

玉串祓事、玉串トハ正直也、常ニ玉串ト云、榊之事也、

○第二十二丁

嵯峨天皇聖記

日本最上神祇齋場者、神明降化之濫觴、下界勸請之根元、　神武之草創吾國之佳躅也、然則奉安神代之靈寶、受　天照太神詔命、修天兒屋根尊大業、誠是神國第一之靈場、本朝無雙之齋庭乎、愼而莫怠矣、抑齋場所太元尊神日輪太神宮、爲日本最上神明矣、內外清淨神道之道場是也、神武天皇開基之後、迨六百五十餘歲星霜、垂仁天皇二十五年、伊勢太神宮鎭座于彼地、自爾以降天下諸神垂跡之時、奉寫　神代之靈璽象眞神躰、遷其宮社、惣而日本國中大小神社、莫非　齋場之分附、故三千餘座《大》諸神、卒九万八千五百七十二神眷屬、毎月六度參集當場而、唯一神道三元三行三妙加持、信受奉行、

右弘仁八年十月一日平旦直受　日輪神勅、任神語記之、愼而莫怠矣、能思陪深思陪、

已上文、

嵯峨天皇聖記如斯、

○第二十三丁

惡夢呪文

赫々《カク〱》陽々《ヤウ〱》日出《ニツシユツ》　東方《トウハウ》斷絶《タンセツ》惡夢《アクム》

辟《ヒ》祓除《ハツチヨ》不祥《フシヤウ》　急々《キウ〱》如律令《ニヨリツリヤウ》

惡夢《アクム》着《チヤク》　草木《サウモク》好夢《カウム》成《シヤウ》　珠王《シユキヨク》〔玉〕

向朝日唱之、

一、海神曰二海若《シヤク》一、　川神曰二河伯ト一、　山神曰二山祇ト一、

一、句々廼馳ハ坂木也、　賢木トモ坂木トモカクナリ、

一、天竺ニ波羅提木叉ト云ハ、　此坂木也、

一、遠瀛《ヲキツミヤ》ハ嚴嶋《イツクシマ》也、　市杵嶋姫命、

一、中瀛《ナカツミヤ》ハ胸肩《ムナカタ》也、　田心姫命、

一、海濱ハ宇佐也、　湍津《タキツ》姫《ヒメ》命、

一、稲羽素兎《イナハノシットノ》神、是兎之神也、

(原裏表紙見返シ)
「兼見卿御眞筆也、

加修補畢、

弘化四丁未年十一月十八日

従三位侍従卜部良芳(吉田)」

諸事書拔紙背文書

〔國學院大學圖書館所藏〕

一　林重邦書狀　○原表紙紙背（折紙）

尚〻□必〻罷越、可得御意候、但御隙入候はゝ、御報に□給候、委曲者□
近へ申越候間□演說候、以上、

先日者致祇候之處、種〻御懇之段、本望至候、殊に昨日者三入（大草公重）までへの□言傳畏存候、
遷宮の樣體
隨而得御意度、樣子且〻以一書令申候、遷宮之樣躰之事□言之事、神道之樣躰、何も以
參可得御意事御座候間□預御指南□存事候間、別而被成□入眼候者、弥以忝可存候、
猶從是□得御意候、恐惶謹言、

正祝
二月三日　　（林）重邦（花押）

（上書）「（切封墨引）　宮內太輔　」

二　吉田兼見書狀土代 〇第一丁紙背（竪紙）

先日早ゝ預御使候、殊鮭被饋下候、過分之至候

三　吉田兼見書狀土代 〇第二丁紙背（折紙）

亡魂靈神勸請

珍札本懐候、如芳意、久絶音問候、所存之外候、抑亡魂靈神勸請之事、得其意候、每ゝ在之事候、彼名字・逝去月日承度候、但數年之儀候歟、難御存□老衆自然可存出候、被相尋、重可示預候、以其上令祈念、可調遣之候、不可有疎意候、隨而此一桶被懸御意候不寄存知芳志、祝着之至候、貴國名物、賞翫此事候、猶使者可被申候、恐ゝ謹言

蜜蒙丸を求む

四　竹田定珪書状　○第三丁紙背　（折紙）

如尓翰、其後不能拝顔、非本意候、仍蜜蒙丸、京都薬店雖被尋候、無御座候由候、定和泉堺邊可在之候哉、拙身薬品之外、不所持候間、不立御用候、非疎意候□□青□薬候間、早々被相需、可然存候、旁期拝面候、恐惶謹言、

竹田法印

定珪（花押）

夏五廿二

吉田（兼見）右衛門督殿

貴報

五　吉田兼見書状土代　○第四丁紙背　（折紙）

芳札披閲候、抑今度不寄存知義申候處、其元御馳走之由祝着候、就其栗少御状をひたゝ敷上給候、乍御懇志憚多候、殊被及□代之義之由候、旁不謂□得心候、向後無心之儀、

□可在之候、か樣候、被斟酌候、此度は貴所へ可申之由、兵庫助（鈴鹿右正）申付、大通庵へ御談合
之由、中〱の事候、隨而調、三ツ、是又如何御氣遣候哉〱、

芳札披閲候、抑今度不寄存知義申候處、其元御馳走之由、祝着候、就其栗少御狀到來候、おひたゝ敷事ゝ敷上給
候、乍御懇志迷惑候、件代之使者□通□候旁不謂儀候、
樣躰之儀、使者に申含候處、不及其儀之由、却而令迷惑候、殿樣御在京に付而、如此之
物、近邊不得尋候間、馴ゝ敷乍申事、貴所まて可申之由、兵庫助申付候キ、大通庵被談
合候而

六　某書狀　○第五丁紙背　（竪紙）

わさと人を越まいらせ候、そのゝちは何事とも〱おはしまし候や、御ゆかしく思ひま
いらせ候、さい〱に御いんしん申候はんするを思ひまいらせ候、へしてちんたちせつ
〱に候へは［　　　］御しるし申候、みな〱申さたにて候、いよ〱つるもしはまか
せまいらせ候て、何事も御心やすく返りまいらせ候□もし□や入□た候、うり□候やに

□拝ひこもし四つに□りまいらせ候、御なかいにて候［　　］も、よへもちまいらせ候事にて候、餘あいらしき御事□わり申候まゝ、御ゆめ〳〵しく□もへも二そくまいらせ候□□事にて［　　　　　］御いんしん申候はねは、いか（脱アラン）御ゆかしく存まいらせ候て、さしたる御事御入候て、申まいらせ候、くわしくしゆり殿申つる、しゆあね十二になり

［　　　　　］

七　某書状　○第六丁紙背　（折紙）

めてたく文まいらせ候、たゝいま申候はんを、つかいわすれまいらせ候よし申候、この物わさとまいらせ候、あす御まんさまをつれまいらせられ候て御いてまち［　　　］返〻、この物わさとまいらせ候、つれまいらせられ候て、御いて候はゝ、御うれしく思ひまいらせ候、

「（上書）　　たれにても　　　［　　　　　］」

八　清原國賢書狀　○第七丁紙背　（竪紙）

（端裏上書）
「（捻封墨引）　吉侍（吉田兼治）まいる　　　清少（清原國賢）　」

認堅申付候、

昨日御見舞、過當至候、仍人足早〻被仰付、三人來候、一廉御合力候、殊手揃、千万無心之申事候、今一人竈塗申候者、其方次第雇申度候、さのみ〳〵無盡期申事候、旁以參御礼可申候、かしく、

九　吉田兼見書狀土代　○第八丁紙背　（折紙）

乍御報御狀本望候、紙絕驚存之儀、內證少庵入魂子細在之由候、其段可然候、德

一〇　某書状　○第九丁紙背　（折紙）

鐵砲の薬

いつそやのてつほうのくすり、この物に給候へく候、やけん《（薬研）》まいらせ候、たし入候もいかにもすきも候はす候、返〻、しな〳〵も□のかたまて、ちとやりまいらせ候はす候、返〻この物に給候へく候、文にしるして候へく候よし申候、こんとは一ちやう《（定）》と申候まゝ、としの御心に入候へく候、やかて〳〵思ひまいらせ候へく候、くれ〳〵この物に給候へく候□なたにならせ候もの候まゝ□りまいらせ候へく候、かしく、

（上書）
「□ほん所
よし田殿《（吉田兼見）》　まいる　　い
申給へ　」

一一　某書状　○第十丁紙背　（竪紙）

（端裏上書）
「　　　　より

（切封墨引）「□　□」

昨日者鞍之儀、蒙仰□處、拙者くら何も御馬せめられ候に付而、不參候、其方次第可參候、殘〻をしみ申にては無之候、又我等太こひんきに可被下候、賴入候へく候、其方之筒借可給候、賴入候へく候、

一二　某書状　○第十一丁紙背　（折紙）

くわん(願)まいり(參)にて□まゝ、やとい候へとも、たのみまいらせ候、かしく、

わさと人をまいらせ候、一日も文にて申候、返事候はす候、人夫、いかやうにも〳〵一人、この物に御かし候はゝ、御うれしく候へく候、いかやうにも〳〵たのみ候へく候、かも(賀茂)まてに候、ひとかへりにて候まゝ、やかて〳〵ひまあき申候へく候、くれ〳〵一人たのみ〳〵まいらせ候、この物にかならす〳〵一人、たのみ〳〵入まいらせ候、かしく、

(上書)「(捻封墨引)□」

一三　河邊敬龍書狀　○第十二丁紙背　（竪紙）

尚〻、昨日者はる〳〵と御出、何事も不一二候、殘多存候、
昨日者御光儀、其折ふし罷出、不懸御目、本意之外候、殊扇子拜受、過分至候、仍御藥
又三包持進之候□外樣候、御言合等やり候、のこり調合計に可被參候、恐〻謹言、
二月朔日　敬龍（花押）
（上書）
「（捻封墨引）陸田殿　御宿所　河邊二輔　敬龍」

一四　清原國賢書狀　○第十三丁紙背　（竪紙）

（端裏上書）
「（捻封墨引）（吉田兼見）吉右樣參　清少
進之候、　（清原）國賢」

先日者參、本望存候、其以來至今日、頭痛相煩無正躰候間、中〱二条邊不罷出候、諸家御礼事も、拙者煩に取亂、御左右不申入、千万〱令迷惑候、後に御出京之由承候て、令安堵候、然共各無御對面之由候、今日は南方へ御下向候、將又每度申事候へ共、まみえ候者、明日、廿八、早朝に參候樣被仰付下候者、可爲祝着候、奉賴存候、猶以面可得貴意候、かしく、

○『兼見卿記』天正六年九月二十七日條に關連か。

一五　某書狀　○第十四丁紙背　（竪紙）

又、此方に御座候藥種は、書不申候、

丸藥
煎藥

丸藥・煎藥之注文仕候て進候、御急候て、取可遣候、將亦一順之儀、やかて仕候而可參上候、かしく、

（上書）
「（切封墨引）　□□〔侍従カ〕殿　　□□」

一六　吉田兼見書状土代　○第十五丁紙背　（竪紙）

先刻芳札、門外にて披見候、委細源五可申候キ、一乗祢宜連々遣候処に、重寳候、此間
拂底候、内々用意之覺悟候、則御志難謝候、以面

一七　滿田成久書状　○第十六丁紙背　（竪紙）

中村松千代の屋敷普請始の日次を問ふ

（前闕）
一、（中村）松千代居屋敷之門之道を明申度候、則注文別に書付上申候、乍御造作普請初之月之吉日
取撰被下度存候、万吉遂日重疊可申上候、恐惶敬白、
（天正六年カ）正月十七日　（滿田）成久（花押）

（上書）
「（切封墨引）　□　□□（成　久カ）
滿田九郎左衛門尉　」

○前半は一八號か。

一八　滿田成久書狀　○第十七丁紙背　（竪紙）

中村松千代の祈禱に就き條々を申す

春陽之御慶賀、漸雖事舊候、重疊御滿足不可有際限候、抑中村松千代丸御祈禱、如恆例目出、人を上申候、

一、撫物に帶を上申候、最前之撫物、此者に給可被下候、

祈禱料

一、爲御祈禱料黃金壹分上申候、

一、爲御音信拔蛤桶一ツ進獻被申候、是式如何候へ共、表祝儀存候、相意得可申上之由候、

一、松千代當年十七歲にて候、弥息災延命、壽命長遠、家長久、子孫繁昌仕候樣に、長日無御油斷御祈念奉憑存候、

一、大通庵・同廊女無病息災延命、皆〻無何事樣、御祈念奉賴存候、爲御音信杉原一束、大通庵より被參候、猶意得可申上之由候、

一、外池弥七女房衆へ最前者御祓被下候、忝存候、子共勇健御座候、猶惣領男子出生候樣に、別而御祈念奉憑□□〔存　候カ〕

（後闕）

〇天正六年正月二十一日條參照。後半は一七號か。

一九　吉田兼見神道裁許狀案　〇第十八丁紙背　（竪紙）

駿河米宮祀官

駿河國富士郡米穀山米宮之祠官錦織左大夫廣盛、恆例神事等任社例可令勤役者、

神道裁許狀如件、

天正六年

神道長上卜部（吉田兼見）朝臣

〇米之宮淺間神社は現靜岡縣富士市に所在し、富士山本宮淺間大社の攝社である。

二〇　佐竹豐俊書狀　〇第十九丁紙背　（折紙）

委細御傳言申入候、已上、

□〔如カ〕仰昨夕者□〔兄カ〕出羽守（明智秀慶）在宿之儀□被成入御、忝□〔段〕難盡筆紙存候、連ゝ御越砌、御盃參度心中に御座候處、時節令到來□上恐悦之至不少候、尤早朝［　　　］御用可有御座候与、延引仕候折節、御札頂戴申候、必以參可得御意存候、恐惶謹言、

佐雲

豐俊（花押）

桂月晦日

吉右（吉田兼和）様

人ゝ御中

○桂月は八月。『兼見卿記』天正八年正月十一日・同十年正月十七日條（正本）に「佐竹出雲守」、天正九年正月二十一日條などに、佐竹出羽守（明智秀慶）の關係者として出雲守あり。

二一　妙心院文慶書狀（折紙）　○第二十丁紙背

人夫を請ふ

昨日申入候木之事、明日人夫可被遣候哉、然者人夫十五人可被遣候、我等者相添可申候、一昨日切申候由申候、以參上申入度候へ共、難去客來候て、乍自由如此候、御意得候て

可給候、恐々謹言、

妙々

二月十四日　文慶（花押）

兵庫助（鈴鹿右正）殿

御申候、

二二三　某書状　〇第二十一丁紙背　（竪紙）

（前闕）

先以使者可申候、返々各一入きも入候事候、喜悦〳〵無申計候、かしく、

霜月一日

（上書）
「（捻封墨引）　吉田□　　□」

小壁出來す

二三　某書状　○第二十二丁紙背　（竪紙）

「（端裏上書）（捻封墨引）吉田□　　□」

猶々、見事之一荷、喜悦〳〵此事候、かしく、

御札令披見、喜悦候、仍小壁色々御馳走候て、相いてき申、大慶候、尤參候て、御礼可申候へ共、先以隙、今朝御礼申候、何も參候て可申候、將又見事之大根一荷披露候、御心さし無申計候、今日下へ出張之由、かならす御歸待入存候事候、かしく、

○天正六年二月より兼見第の普請が行はれてゐる（『兼見卿記』）。これに關連するか。二四號も同じ。

小壁出來す

二四　某書状　○第二十三丁紙背　（竪紙）

節々思召より御馳走千万〳〵候、猶々以面可申候、かしく、

自昨日こかへの儀、被仰付、悉いてき申、一段祝着さ、中〳〵難帋面盡候、誠々外聞實義無是非候、鈴兵（鈴鹿右正）きも入、喜悦候、必參候て、御礼等可申述候、猶々兵に祝着さ申候条、

定可申入候、謹言、

二五　明智秀慶書狀　〇原裏表紙紙背　（折紙）

尚以、さしたる事候はね□入候、若く□許相應之御用□仰付候、以上、

先日於此方□御座候而、慰□御噂申出候、我等いつものひ□うの何方にても□わき又仕候□段出來かし□候、尚玄竹雜談□進之候、恐惶謹言、

正月十五日　　秀慶（明智）（花押）

「（上書）（切封墨引）

佐出

□

」

兼見卿記《かねみきょうき》　第7　　史料纂集　古記録編〔第203回配本〕

2019年8月25日　初版第一刷発行　　定価（本体13,000円＋税）

校訂　橋本政宣
　　　岸本眞実
　　　金子拓
　　　遠藤珠紀

発行所　株式会社　八木書店古書出版部
代表　八木乾二
〒101-0052 東京都千代田区神田小川町3-8
電話 03-3291-2969（編集）-6300（FAX）

発売元　株式会社　八木書店
〒101-0052 東京都千代田区神田小川町3-8
電話 03-3291-2961（営業）-6300（FAX）
https://catalogue.books-yagi.co.jp/
E-mail pub@books-yagi.co.jp

組版　笠間デジタル組版
印刷　平文社
製本　牧製本印刷
用紙　中性紙使用

ISBN978-4-8406-5203-2